3191

MADEMOISELLE JAVOTTE,

OUVRAGE MORAL.

Ecrit par elle-même.

Et publié par une de ses Amies.

Toutes êtes, serez ou futes
De fait ou de volonté putes.
Jean de Méhun.

A LA HAYE,

Chez JEAN NEAULME.

M. DCC. LVIII.

AVANT-PROPOS.

ENcore une Brochure, s'écrient déja nos Petits Maîtres caustiques. On n'y peut pas tenir, c'est à périr! Doucement, Messieurs, s'il vous plaît, c'en est une à la vérité, mais Brochure, où pour flater votre goût frivole, on n'y a peint vos sottises qu'avec des couleurs gayes ; Brochure, où pour ménager votre foible jugement, on ne s'y est permis d'autres moralités que celles des faits.

Enfin c'est un ouvrage écrit par une jolie femme, & publié par une autre ; pourrez vous lui refuser votre suffrage ! … Je m'interromps pour laisser Javotte racheter votre ancienne amitié par l'Histoire agréable de sa vie, & je reprendrai la plume pour lui mériter votre estime par le récit édifiant de sa fin.

MADEMOISELLE JAVOTTE,

OUVRAGE MORAL.

JE suis folle & jolie, cela me dispense d'observer aucune régle pour écrire mon histoire, & de faire aucun préambule pour annoncer mon origine. Un corps vigoureux, une langue infatigable, joints à beaucoup de probité, voilà ce qui faisoit le mérite de mes pere & mere. La qualité de Porte-faix, celle

A

de Revendeuſe décoroient les noms de *Gille Godeau* & de *Simonne Bouru* quand ils s'amuſerent à me faire.

Ils ne ſe doutoient pas alors du rôle brillant que je jouerois un jour dans le Monde, & ont été plus de douze années ſans le prévoir. Juſques-là je n'avois pas penſé que je fuſſe vraiment jolie, & que cela dût ſervir à ma fortune. Je n'avois encore trouvé que quelques jeunes garçons de mon eſpéce, qui diſoient en me mettant la main ſur la gorge : *Queux chenus cadets qu'a ſte Mameſelle Javotte !* A quoi je répondois par des geſtes de coudes & autres pantomimes poiſſardes.

Tout vient par gradation ; les propos qu'ils tenoient en-tr'eux, le nom de Catin, que j'entendois souvent répéter à ma mere, ou plutôt son synonyme, la nudité d'un ange que je voyois toujours en tableau sur notre cheminée, tout cela, dis-je, me fit raisonner avant l'âge. Je fus curieuse de con-noître telle chose, je me dou-tai de l'usage de telle autre, & je me proposai de m'éclaircir du reste.

A peu-près dans ce tems, on se résolut à me procurer un état. On fit mille colloques sur tous ceux des femmes ; on les trouva, ou trop pénibles, ou trop médiocres pour une fille

unique , le Pénate de la maison.

Enfin on fit par réflexion ,
ce que l'on auroit dû faire par
jugement ; on consulta mon
goût , il étoit porté à la coquetterie , je commençois à regarder avec envie les têtes bien
coëffées ; ne pouvant jouir de
cet avantage , je voulus au
moins le procurer aux autres.
Je demandai à être Coëffeuse,
on applaudit à mon choix , on
l'admira, on me mit en appren-
tissage.

J'entrai chez Mademoiselle
Villers , fort en vogue alors ,
elle étoit comme toutes les femmes de son état , pleine de complaisance pour ses amis , &

d'aigreur pour son Domestique.

Si la société de cette femme n'étoit pas bonne, du moins étoit-elle nombreuse. Le monde que nous voyons étoit partagé en deux classes ; le matin nous allions chez les gens de Robbe & de Finance ; l'après-midi nous recevions les Epétiers & les Porte-collets.

Ceux ci furent les premiers dont je captivai les regards, elle est vraiment gentille , se disoient-ils entr'eux ; on la façonnera, on en fera quelque chose. Petite , me disoit un Abbé, au regard effronté, à la tête altiére, il faut se tenir droite , puis il relevoit mon menton d'une main, & appuyoit dévotement l'autre sur ma poitrine. Les conseils qui flattent notre coquetterie sont ceux que nous suivons de meilleur cœur. Cent fois le jour j'allois me redresser devant une glace, elle me confirmoit ce que je m'entendois dire continuellement. Je demeurois persuadée que j'étois jolie, mais ce n'étoit pas sans dépit que j'apprenois qu'il manquoit beaucoup à mon ajustement pour faire briller mes charmes. Je fus la premiere à trouver un expédient propre à y réussir ; je priai mes compagnes de se perfectionner sur ma tête. Je choisis la moins maladroite pour faire cette épreuve. Ce jour est l'époque de ma vocation mondaine , & je ne puis le souffler à la posté- rité.

Il me tarde d'être embellie , je guette en même tems & le moment de le faire en liberté , & la personne qui doit le mieux y contribuer, Nous nous enfer- mons , je m'affuble d'un grand peignoir, moins dans la crainte de gâter mes hardes, que dans la vûe de les cacher. J'arrache la premiere le triste bonnet qui a- voit toujours enséveli mes beaux cheveux , je les déploye & les étends avec complaisance, mais quelle fut ma frayeur quand je vis tirer à Mademoiselle *Dar- gentiere*, ma Coëffeuse, une lon- gue paire de ciseaux. Je craignis

de voir tomber sous leur tran-
chant le précieux ornement de
ma tête. Cependant elle m'assura
qu'elle n'en vouloit ôter que le
superflu , alors ma peur se dis-
sipa , j'abandonne ma tête à la
bonne foi de cette fille , elle cou-
pe , papillote , accommode , &
jouit malignement en me regar-
dant dans le miroir, de l'agitation qui se peint sur ma physionomie. Un moment les larmes
couvrent mes prunelles en sen-
tant tirer mes cheveux , l'autre
moment la joye brille dans mes
yeux , en voyant les boucles se
former. Javotte, me dit ma com-
pagne , voilà un minois à faire
fortune , penses-y bien , mais
ma fille , défais-toi de tes airs

communs, & de tes baſſes expreſ-
ſions. Les hommes veulent des
maniéres. Je ne l'écoutai pas
alors, je ne m'occupai toute la
journée qu'à me regarder dans
les glaces, à raccommoder les
boucles dérangées, & à étudier
la poſition de tête, qui pourroit le mieux faire valoir mon
accommodage & mes charmes.

Sur le ſoir Mademoiſelle
Villers rentra chez elle, & fut
frappée d'admiration à mon aſpect. Cette petite morveuſe-là
eſt trop jolie, dit-elle à ſes filles ;
aucune de vous n'a une figure
comme celle-là, ajouta-t-elle
d'un ton aigre ; auſſi en ferai-
je quelque choſe, j'en veux parler à mon Financier ; à ces mots

elle se tut , & s'enferma dans
un cabinet pour écrire. Le reste
de la soirée se passa sans autres propos qui parussent me
regarder directement. Elle me
dit seulement de me lever le
lendemain du matin, & de venir lui parler. J'y fus en effet de
bonne heure.

Elle me fit asseoir à côté de
son , lit & me dit : j'ai à vous entretenir de choses importantes;
puis me fixant, & me prenant
la main , elle ajouta : vous n'ê-
tes pas riche , Javotte , & il faut
profiter des avantages que vous
devez à la nature , ce seroit vous
en rendre indigne que de ne pas
les faire valoir. J'ai dessein de
vous obliger, je veux que vous

me deviez votre fortune , voyez , ma chere enfant , ſi vous pouvez correſpondre à mes bontés. On a beau dire , ſoit préjugé ou ſentiment , le cœur ſe révolte dabord contre ce qui nous écarte de la vertu. Je ne répondis que mollement aux premieres offres de Mademoiſelle Villers , je ·ſoupirai même, & j'avoüë naturellement que mes ſoupirs. n'ont jamais eu une ſi belle cauſe.

Il ne s'agit point de faire la ſotte, reprit la Coëffeuſe , il faut penſer à vous , ma fille , le tems preſſe , l'occaſion ſe préſente, ſaiſiſſez-la promptement je la priai de s'expliquer ſur ce qu'elle exigeoit de moi , & elle le fit en ces termes.

Monſieur Rondain eſt le meilleur & le plus riche de mes amis. Il aime les femmes, & ſe chargera volontiers de vous rendre ſervice, ſi vous voulez être ſage. L'honneur eſt ce qui m'eſt le plus cher au monde lui répondis-je, Madame, & l'on ne me verra jamais y faire fauxbon. Ah, l'honneur! interrompit elle en ſouriant, puis elle ajouta, allez m'attendre, dans un moment je ſuis à vous. En effet elle vint bientôt me rejoindre, & s'enfermant avec moi, elle me fit dépouiller tous mes haillons, & me revêtit d'une robe de Perſe à elle qui me parut être faite exprès pour m'embellir. Mettez auſſi ces bas de foye, me dit-elle, tirez-les bien, & nouez vos jarretieres fur le genou, autrement vous déplairiez à votre bon ami. On envoya chercher un collier de ruban couleur de cerife, on me mit un bonnet à la Cométe, j'eus des gants blancs & des bracelets, en un mot toute la petite oye de coquetterie.

Il tardoit à la Villers que je fuffe habillée pour me montrer à faire la révérence. Enfin elle me força de récidiver cet exercice plus de cent fois, & fe plaignit toujours de ce que je m'en acquittois trop précipitament. Quand votre Monfieur viendra, me dit-elle, il faut courir à lui, l'embraffer, puis vous me laisserez le tems de lui parler en particulier, & lorsqu'il vous rejoindra, vous répondrez poliment à tout ce qu'il vous dira, & vous prêterez complaisament à tout ce qu'il exigera de vous. Ressouvenez-vous de ce que je vous recommande, insista-t-elle, & prenez bien garde de le dégouter, car les hommes sont des animaux qu'il faut amadouer pour mieux les plumer.

La Villers m'instruisoit encore quand nous entendîmes arrêter un carosse. Levez-vous, petite fille, me dit-elle, voici M. Rondain, allez le recevoir à la porte. Qu'est-ce que je dirai à *sthomme*, moi, répondis-je, je ne le connois pas. Sthomme, reprit-elle vivement, sthomme, voyez la petite *pécore*, comme elle parle de quelqu'un qui peut faire sa fortune. Elle l'entendit s'approcher à son essoufflement périodique, & m'entraîna au-devant de lui. L'instant de la révérence arriva, & je la fis d'autant plus mal que je la vou-lois faire mieux, mes pieds s'em-barrassèrent dans ma robe, & sans la Villers qui me retint, j'eusse fait une douloureuse ge-nufléxion.

Bonjour, mon enfant, s'écrie en se jettant à mon col le mas-sif Galant. Asséyons-nous, je n'en peux plus. C'est donc là la *Créature* en question ? reprend-il en s'étendant sur un fauteuil.

Venez ici, mon *Bouchon*, puis il frappe plusieurs fois son genou de la même maniere que s'il vouloit appeller un petit chien. Allez donc, quand Monsieur vous le permet, me dit la Villers. J'y allai comme malgré moi ; à peine fus-je assise sur cet automate parlant, qu'il me serra dans ses bras, & me donna brutalement mille baisers. Je n'ai rien de caché pour mon Lecteur, je sentis au plaisir qu'il y prit que je pourrois en prendre moi-même avec quelqu'un qui me plairoit.

Cela est-il vraiment neuf ? dit-il à la Villers, a-t-elle ceci ferme ? continua-t-il, en passant la main dans mon corset. Ho !

Je

Je vous la garantis pucelle......
Ah voyons, reprit-il en faisant
d'un air maussadement galant
certaines incursions sur mon in-
dividu. Finissez, Monsieur, m'é-
criai-je en levant la main sur lui,
ou je vous *empogne....* Vous.
Ah quelle harangere, s'écrie-t-il à
son tour en se levant. Eh! que
veux-tu que je fasse de cela ?
Mais aussi vous demandez du
tout frais, répondit la Villers,
où voulez-vous qu'on en trouve?
ce ne sera pas parmi les Bour-
geoises, elles en sont venuës au
point de nous damer le pion..

Allons, allons, cela ne me
convient pas, lui dit-il, je te re-
mercie. Il voulut se retirer,
mais la Coëffeuse le fit passer

dans une autre piéce, & lui parla, à ce que je pus entendre, très-vivement.

Tandis qu'ils s'entretenoient, je demeurai immobile dans la même place où je gémis sur mon sort. Je me rappellois les sages préceptes de ma mere, puis je regardois ma robbe, & je pleurois de peur de la quitter. Chienne de glu, me disois-je, c'est pourtant là-dedans que l'honneur s'attrape. Mademoiselle Villers repassa dans la chambre où j'étois, & se mit de moitié avec le Financier pour me lancer un regard furieux.

Je vis sortir l'un sans regret, & ne vis pas rentrer l'autre de même. Quittez des vêtemens

dont vous êtes indigne, me dit
mon hôtesse, & remettez tout-à-
l'heure vos guenilles. J'avois lû
quelque part que la vertu toute
nuë n'en est que plus belle , &
j'eus assez de mémoire pour le
dire à la Villers, Taisez-vous, *Bé-
gueule* , me répondit-elle avec
son ton acariatre.

Tout cela ne se passa point
sans être apperçu de mes compagnes, elles m'entendirent parler de m'en retourner chez mes
parens, & m'engagerent à rom-
pre un projet qui m'éloignoit
d'elles. *Mademoiselle Dargentiere* , celle que j'aimois le plus
depuis qu'elle avoit flatté ma
coquetterie , prit sur elle de me
ramener à la raison. Outre

qu'elle avoit le cœur affez bon, je m'étois attaché à elle, parce que je lui trouvois de l'efprit, & je l'écoutois volontiers ; voici-à-peu-près ce qu'elle me dit.

Javotte, j'ai beaucoup lû, & j'ai vû que tout n'eft que fyftême, qu'il n'y a rien de vrai ; la même chofe a deux faces, & c'eft la façon dont on la confidére qui lui donne du mérite, ou qui l'avilit à nos yeux. Cet honneur dont tu te fais une divinité, parce que tes parens te l'ont donné pour tel, n'eft qu'un mot vuide de fens, qu'un fantôme, qui s'évanouit quand on veut s'affurer de fon exiftence. Dis-moi, ma fille, crois-tu que toutes celles qui s'arrogent la qualité d'honnêtes femmes se privent pour cela de plaisirs, ou soient moins exemptes de desirs? Non, ma chere enfant, tu serois dans l'erreur, les sens sont de même pour nous, que pour les hommes, & s'il est quelques femmes qui soient sans Amans, c'est qu'elles n'ont pas assez de mérite pour en captiver, ou qu'elles sacrifient leur penchant au préjugé. Va, va, ma mie, nous naissons avec le goût du plaisir, & nous nous y livrons presque toutes par vanité, par tempérament, ou par intérêt. La Femme de condition a un Amant par air, la Bourgeoise par amusement, & l'indigente par besoin. La Coquette le recherche, l'Hypocrite le desire, la femme raisonnable le choisit.

De tous les motifs qui peuvent nous déterminer, l'intérêt est sans doute le plus sensé ; je te conseille donc d'accepter ce Financier ; il te vangera du destin & de la fortune. Tu quitteras le commerce qui t'aura enrichie, & tu feras mieux que les autres un jour, tu deviendras honnête-femme sans restriction.

Quoi, *Mameselle*, lui dis-je, l'honneur n'est donc pas *pû* sacré que les Reliques de S. Ovide, pourquoi donc que tous mes parens en ont fait tant de cas ? c'est qu'ils ont été dupes du préjugé, mais toi, tu serois bien folle de rejetter ta

fortune. Dis-moi un peu, quelle
comparaison y a-t il à avoir
en idée cet honneur chimé-
rique, & ne pouvoir se revêtir
que d'un méchant casaquin de
siamoise ou se défaire d'un préjugé pour se décorer des plus
beaux ajustemens, avoir des
meubles magnifiques, des bijoux éblouissans, une femme de
chambre, des laquais, un carrosse ? *Oui-da*, m'écriai-je, je
pourrois avoir un carrosse ? mais
répondit-elle, celui de M. Rondain, dès demain est à toi si tu
veux l'écouter. Et pourrois-je
le montrer dans mon cartier ?
Qui t'en empêcheroit ? cependant je ne te le conseillerois
pas, il est inutile d'éclater, il

y a donc *queuque* anguille fous roche ? infiftai-je , puifqu'on ne peut fe *carer* de ce qu'on a. Il n'y a rien autre, reprit-elle, finon que tu ferois blâmée des gens affez bouchés pour croire que c'eft un mal. *Eh ben*, Mademoi-felle , pour les attraper nous leur en fouflerons la connoiffance.

La *Dargentierre* me crut per-fuadée & me demanda fi je vou-lois recevoir M. Rondain. Oh pour *ça* non , répondis je , je ne veux de lui que le Carr ffe. Tu raifonnes comme un enf nt, me dit-elle ; figures-toi que t ut cela eft comme l'amorce qu'on met au bout d'une ligne , il faut la toucher pour l'enlever. Mais *par-dine* , Mademoifelle , repris - je encore ,

encore je ne pourrai jamais me
réfoudre à aimer fthomme-là, il
eft gros & court, il a le front
étroit, les yeux petits, la bouche
grande, les jouës plattes, le rire
bête. Ne t'en dégoute pas, inter-
rompit-elle, il eft comme prefque tous ceux de fon efpéce. Eh
bien donc, je n'en aimerai aucun.
Mais qui te dit de l'aimer? faut-
il s'attacher aux gens pour les
ruiner! fi tu veux te prendre d'a-
mour, tu choifiras quelqu'un qui
en vaille la peine & que tu paye-
ras pour t'amufer, mais tiens,
Javotte, je ne te le confeille
point, cela caufe trop de foucis
& de peine. Nous autres filles du
monde, nous ne devons penfer
qu'à plaire & non à aimer.

C

Figure-toi qu'il eſt de deux ſortes d'Amans; pour la plupart ils ſont trompeurs, & ne cherchent qu'à ſe ſatisfaire. Il en eſt d'une eſpéce aſſez rare, que j'appelle Amans romaneſques Ceuxci ſe prennent, diſent-ils, de ſentiment, & vous font acheter ce grand mot par des ſoupirs, des larmes, des reproches, des excuſes, & mille autres extravagances. Défies-toi également des uns & des autres. Vis libre, ma fille, & ne penſe qu'à toi.

Le commerce que j'eus avec cette Demoiſelle & la ſpiritualité de ſes converſations me la firent connoître pour une *fille de famille* qui s'étoit miſe chez

la Villers , moins pour se procurer un talent , que pour flater son libertinage. Je la remer-
ciai & fus réfléchir sur tout ce
qu'elle venoit de me dire. Je re-
passai aussi les anciennes leçons
de ma Mere , mais elles étoient
dans l'éloignement du tableau ,
& les Diamants, comme le carosse en faisoient le sujet principal.

De si riches idées répandirent
un air de satisfaction sur ma physionomie , qui lui attira de nou-
veaux admirateurs. Dès la même après-midi , mon Abbé , un
Garde du Roi, & un jeune Avocat
me firent les doux yeux. Le Garde monta la conversation sur le
ton qui convenoit à un homme
de son état, l'Abbé la soutint de

même par goût, & l'Avocat par
occasion. On me prit les mains,
onm'embrassa,on . . . que sçais-
je? on fit maintes follies. Cela
dura ainsi pendant plusieurs
jours, & j'étois charmée que ces
fortes de distractions me dédom-
mageassent des mauvaises hu-
meurs de Mademoiselle. Villers.

J'appréhendai cependant fort
un matin qu'elle vînt me har-
celer de nouveau, mais au contraire, elle me dit en ouvrant
les rideaux de mon lit : Javotte,
voici une lettre qui s'adresse à
vous, je l'ai toujours conservée,
& je la rapporterai fidélement
au Lecteur.

MON ENFANT.

Un Godelureau vous conteroit mille sornettes inutiles, mais moi, je puis vous compter cent louis ayant cours pour coucher avec vous. Je suis franc en amour, je parle clair & vous dis tout rondement que je vous trouve à mon gré, & que je m'appelle RONDAIN.

Sans trop avoir d'idées de délicatesse, je trouvai ce poulet fort grossier. Je le fis remarquer à la Villers. Elle me dit que je devois le regarder comme une lettre de change, dont on ne fait cas que jusqu'à ce qu'on en ait touché la valeur. Elle m'invita à profiter de ces heureuses dispositions. Je fus cette fois moins caustique, & plus sensible aux appas qu'elle m'offrit.

J'éprouvai ce jour-là, un mouvement qui m'avoit été inconnu jusqu'alors. Je reprochai intérieurement à mes trois Courtisans de ne m'avoir jamais écrit. Le Garde du corps surtout me paroissoit le plus blâmable. Il étoit le mieux partagé du côté de la taille & de la figure : De là l'on doit voir pourquoi je lui pardonnois moins qu'aux autres.

Ce qui le rendoit criminel le rendit excufable, il reparut à mes yeux & récidiva les folies qui me le faifoient aimer, l'Abbé continua auffi fes privautés ordinaires. Pour l'Avocat, il étoit encore dans l'âge où la timidité tient lieu de mérite, il m'exprimoit fon amour par des foupirs.

Il eft malheureux que ces fortes d'Amans ne parviennent qu'à nous divertir, car il faut convenir que ce font cependant ceux qui ont le plus de complaifance. Ce pauvre jeune homme me venoit voir trois fois par jour, m'apportoit tous les matins un bouquet, faifoit autant de vers que de foupirs pour moi, habilloit fes tendres déclarations de toutes les maniéres ; Ballades , Rondeaux , Acrostiches , Stances , Chansons...comment donc, j'en ris encore quand j'y pense, il m'a appris à rimer. Il m'a donné du goût pour les lettres, en un mot, il est cause, qu'en dépit de tous les Aristarques , je donne mon histoire au Public. Si je ne l'aimai pas par goût , du moins le souffris-je par intérêt. Je sentois la nécessité de parler françois , & je lui permis de me le montrer.

Mais il me paroît que le plaisir de m'entretenir de mes jeunes gens , me fait longtems oublier mon Financier. On me l'introduisit le surlendemain de sa lettre dès le matin dans ma chambre. J'étois encore au lit, il entra en marchant pesament sur la pointe du pied, puis se jettant à corps perdu sur moi, il m'embrassa à sa manière : cette grossiere courtoisie m'éveilla en sursault, je fis un cri affreux : cela attira du monde dans ma chambre, M. Rondain demeura déconcerté, & le fut encore plus en me voyant habiller. En vain voulut-il recommencer ses tentatives. Je ne me rappelle pas sans rire, qu'il avoit la balourdise de me répéter toujours à l'oreille, j'ai les cent louis sur moi, & que j'avois la simplicité de rougir de ses offres.

Lassé de mes refus obstinés

il fut porter ailleurs sa mauvaise humeur, & me laissa reprendre ma bonne. L'affluence & l'assiduité de mes courtisans la rendoit de jour en jour meilleure. *Saint Frai* mon Garde du Roi y mit le comble en s'expliquant naturellement sur sa passion. Il le fit d'une maniere enjouée & cavaliere, qui en général plaît plus aux femmes que les soupirs langoureux.

Cela me mit à portée de lui parler des persécutions de M. Rondain. *C'est une éponge à presser au besoin*, me dit mon Amant, & loin que je croye que cela puisse traverser nos amours, je pense au contraire que cela ne doit que les soutenir. Le bonhomme payera les violons & nous danferons pour lui. Prends ce *Gonze* là, ma chere Javotte, ajouta-t-il en m'appliquant un baifer voluptueux fur les lévres. Ce baifer fit paffer le plaifir dans mon cœur, & la volupté dans mes yeux. Je foupirai, & me laiffai aller nonchalament fur *Saint Frai*. Il me faifit dans fes bras, m'affit fur fes genoux, me paffa une main dans la gorge, & mit l'autre en meilleure place. Ah, Monfieur, que faites-vous? dis je en bégayant, ce que je dois, ma fille, répond-il en riant & me portant fur le meuble le plus utile de la maifon. Finiffez, m'écriai-je, il me clot la bouche de la fienne,

puis il se met en devoir de s'ex-
cufer par la faute même. Eh, mon
honneur ! ... je le cherche, dit
Saint Frai en riant, puis il reprend, l'honneur n'eft rien, ma
fille, l'amour eft tout. Il me le
prouva vraiment, & jamais preuves nont été plus fenfibles.

Je fus très-furprife de voir cet
amant répondre à mes pleurs
par des éclats de rire en fe reti-
rant de mes bras. Méchant, vous
riez de ma foibleffe ! ... non
parbleu, je ris de ton ignorance,
tu as fais cela comme fi tu avois
eu à faire à ton Financier. Ce
qu'il me difoit étoit de l'algébre
pour moi. Mets-toi là, me dit-il,
que je t'inftruife. Je m'affis fur
lui, & il m'apprit les différents

exercices amoureux dont nous devions nous servir, suivant les espéces de gens à qui nous avions affaire. L'entreteneur devoit être traité avec plus d'égards, le Favori avec plus de passion, le Vieillard avec plus de travail, l'homme à sentimens avec plus de difficulté. Il faut mettre de l'art dans tout, dit ce singulier Maître, & chaque métier a son esprit. Je te reverrai souvent, compte que je prendrai soin de t'instruire, & de te faire répéter tes rôles. Je le vois prêt à me quitter ; je saute à son col & lui dis: vous mabandonnez déja *Saint Frai*. Tu nes pas la seule affaire que j'aye, répond-t-il en pirouettant. Adieu, Javotte, pense à notre fortune.

Ce jour étoit celui de mes Conquêtes. Le Garde du corps fut à peine sorti , que le Porte-collet entra, il m'apportoit un bouquet, & se chargea lui-même du soin de le placer. Je reculai d'abord, mais on pense bien que je n'avois plus la force de résister. Je me laissai aller sur une bergere , l'Abbé en fit autant , persista dans ses hardiesses & vainquit ma résistance. Pour peu qu'une femme ait de penchant à la coquetterie, c'est moins l'Amant en lui-même que la figure & l'ajustement qui la séduisent. L'Abbé *Mignard* étoit la plus jolie poupée que j'aye vuë , une physionomie fine, un œil voluptueux , un sourire malin , une taille élégante, des manieres agréables lui fervoient de re-commandation auprès du féxe. Il joignoit à tout cela, comme ceux de fon efpéce, une pro-preté fcrupuleufe, des propos frivoles, & un ajuftement ga-lant. Il n'en falloit pas tant pour féduire une Javotte, je le fus en effet, & je lui donnai plus d'une preuve de ma féduction.

Il ne me reftoit plus rien à faire, mon Amant portoit une calotte; je lui propofai des fcru-pules. Je ne fçai s'il dut la force de fes raifonnemens au fruit de fes études, ou à l'efprit de fon état; mais je lui rends la juftice de convenir qu'il leva mes doutes, détruifit mes principes, & me

débita une morale aisée, mieux
que n'avoit fait Mademoiselle
Dargentiere & *Saint - Fraï*,
mieux même que n'auroit pû
faire l'Athée le plus décidé.

Il y a si peu de différence entre le rôle qu'il joua avec moi,
& celui du Garde que je n'entreprendrai point de le rapporter.
Je m'empresse de le congédier
pour introduire mon Avocat
qui le remplacera d'une maniere assez plaisante à nous autres femmes du monde pour être
décrite. J'essaye de faire son
portrait avant.

Une tête immobile soutenoit
avec soin de longs cheveux artis-
tement accommodés & plaqués
sur les hautes épaules de ce jeune

ne homme. Un habit d'un noir
luſtré, un bout de jabot arrangé
en cœur, de longues manchet-
tes décoroient ce grave perſonnage. Il eut la complaiſance de
ſourire en entrant, & prit la
peine de ſoupirer à mon approche. Hélas ! bonjour, ma chere,
me dit-il d'une voix langoureuſe ; comment vous portez-vous;
fort joliment, répondis-je ſur
le ton badin qui m'étoit naturel, & qui convenoit à mon
nouvel état. Vous riez ! reprit-
il, en portant ſes bras noncha-
lans ſur mes mains, pouvez-
vous bien rire, quand je me
meurs ! vous mourez, répondis-
je ; Eh de quoi donc, s'il vous
plaît? d'amour, ma Reine... *Bas,*

vous badinez , moi j'éprouve
tout le contraire , mon goût
pour la vie s'accroit avec mes
difpofitions pour l'amour.

Eh quoi, cruelle, vous avez la
barbarie de me l'avouer. Non ,
je ne croirai jamais que ce ne
foit que des difpofitions. Le fait
n'eft que trop réel ! Vous aimez ,
tout me l'affure. Votre âge , vos
regards. Mais qui m'affurera que
je fuis l'objet de votre amour ?
Ah dame vous m'interloquez ,
je n'en fçais pas fi long que *tout-
çà*. Voyez, reprit ce langoureux
Amant , fi vous daignez feule-
ment me faire de pareilles quef-
tions ! Oh Dieu , m'écriai-je ,
ftamour-là eft un *catéchiffe*. Eh
ben, Monfieur, comment m'ai-

mez-vous s'il vous plaît? De tout
mon cœur, de toute mon ame,
répondit-il vivement en se jettant à mes pieds. Oui, belle Javotte, vous m'occupez tout en-
tier. Je vous suis attaché par le
lien le plus délicat, l'étreinte la
plus forte! Je vous aime, je vous
adore par sentimens.

Comment, mais *c'est un sort
que tout çà*, répondis-je, & que
faut-il que j'y fasse ? ce qu'il faut
que vous fassiez! ce que l'amour
inspire, ce que mon cœur desire, ce que mes yeux expriment...
Allons, ma chere Javotte, jurez-
moi que vous m'aimez, & que
vous m'aimerez toujours... Ne
vous opposez plus à mon bonheur, mettez-le à son comble.

(.J'ai toujours eu le cœur tendre, l'expreſſion langoureuſe de
ſes yeux excita ma pitié, j'allai nonchalament au premier
champ de mes victoires. Il m'y
ſuivit, & ſe mit en devoir d'en
remporter une avec moi, mais
le pauvre diable avoit glacé ſon
courage, on n'auroit jamais ſoup-
çonné qu'il en fûr même ſuſcep-
tible. Cette découverte ne me
ſatisfit pas trop. Je cherchai à
me rendre la victoire perſon-
nelle, j'y mis du mien, il s'y aida de ſon mieux, notre attente
fut auſſi longue que vaine.

Je me rappellai les leçons de
Saint-Frai j'oppoſai des difficultés, mais elles vinrent trop tard
& n'eurent qu'un mauvais ſuccès.

Enfin je me déterminai à traiter mon athléte en vieillard & je ne fus pas plus heureufe.

La coquetterie nous eft naturelle, j'éprouvai du dépit fans réfléchir fur l'affront. Je quittai la place, & fus m'affeoir à l'autre bout de la chambre. Mon pauvre Avocat s'appliqua d'abord à enfevelir fa honte, fe rint quelques inftans contre une fenêtre, & vint me demander fi j'étois toujours fâchée. Je lui répondis par un de ces geftes de coude que je confervois encore de mon premier état.

Pour fe difculper de fa faute, il ufa de ces belles phrafes dont les femmes ne font plus dupes, & qui ne firent pas plus d'im-

preſſion ſur moi que ſur une autre. Il ſe retira auſſi mortifié
que j'étois piquée , & promit
de faire tout au monde pour
réparer ſes torts. Un pareil événement me donna beaucoup
de défiance ſur le compte du
Financier , cependant je ne pus
refuſer aux ſollicitations de Mademoiſelle Villers de recevoir
encore une de ſes viſites du
matin.

Je ne ſçai s'il attendoit ſa victoire de ſon mérite , ou ſi la Coëffeuſe la lui avoit fait eſpérer ,
mais il avoit l'air miuſſadement
conquérant que peut avoir un
homme de ſa ſorte. A la fin je te
tiens , me dit il , en m'embraſ-
ſant. Me mettrai-je là , me de-

manda-t-il avec des yeux étein-
celans ? Allons tout cela est à
moi, moyenant les cent louis, &
en vérité c'est bien payer, ajouta-
t-il en permettant certaines li-
bertés à ses mains, je fis quelque
résistance autant par manége
que par dégoût. Comment, tu
joues le scrupule, s'écria-t-il, oh
la folle! à quoi tout cela méne-
t-il ? il en faudra toujours venir
là, me persuaderas-tu qu'une
femme puisse tenir contre cent
louis ? Javotte ma fille, dépêche-
toi, je sens... je sens ..qu'il faut...
à ces mots il s'interrompoit,
appuyoit sa tête contre mon
sein, me lançoit un regard en-
flámé, & me disoit en grimas-
sant un sourire, cent louis &

du plaisir , tu refuserois tout
cela : Il agissoit déja comme s'il
eût été persuadé du contraire.
Pour moi, mon antipathie faisoit honneur à mon rôle. Je
défendois avec autant de rigueur
qu'il attaquoit , mais soit que
ce rôle ne nous soit pas naturel, ou que sa persévérance fût
opiniâtre , il remporta une victoire dont il me paya les pal-
mes.

La Villers ne manqua pas
d'exagérer le bonheur du Financier ; on parla de l'assurer ,
on prit des mesures à cet effet
en déjeunant.

Dès le lendemain je changeai
d'état, de demeure & de nom ;
je fus Madame en un mot, &
Madame

Madame à Laquais, à Femme-
de-chambre. On penſe bien que
je ſoutins comme de coutume
l'orgueil de mon nouvel état.
Valets, amis, parents, tout
fut traité avec la hauteur, & la
ſuffiſance la plus décidée.

La vanité fut ce qui m'occupa les premiers jours de ma
fortune ; je les employai à faire
des acquiſitions qui puſſent ſi-
non ſatisfaire, du moins flatter
mon ambition, mais la volupté
a bien autant d'empire ſur les
femmes de ma ſorte que la
coquetterie. Je commençai à
m'ennuyer de l'abſence de mon
Garde du Roi. Je pouvois lui
écrire, ou l'aller voir ; l'un & l'autre avoit des difficultés, mais le
E

plaisir devoit être le prix du dernier expédient, je m'y arrêtai. Je m'habille de grand matin, j'allie sans goût le négligé avec la parure. Je prends un Fiacre, je lui donne l'ordre à la porte pour le Palais Marchand, & je le change en route pour aller chez Saint Frai.

Il ne m'attendoit pas, & se dédomageoit de mon absence dans les bras d'une Grisette. Quel coup de Théâtre pour moi ! j'arrive, jouvre les rideaux du lit, & je me vois sacrifiée à une petite fillette. Oh scélérat ! dis-je à Saint Frai, est-ce donc ainsi que vous m'aimez ? Il s'éveille, se frotte les yeux, me regarde, & se retourne du côté de sa compa-

gne ; je vous le difois bien que
ma foiblesse me feroit funeste,
lui dit-il, puis il se léve avec
promptitude, & vient se préci-
piter à mes genoux. Son attitude & son négligé m'intéresse
en sa faveur, mais sa trahison
& la présence de ma rivale re-
nouvellent mon courroux.

Cependant il persiste à me faire ses excuses, il me prend les
mains, les couvre de baisers &
de larmes. Je vois percer tout à
la fois dans ses yeux l'expression
du sentiment avec celle du plaisir. La derniere, on le croira
sans peine, est celle qui me tou-
che le plus. Il s'en apperçoit, se
releve, & me dit : Javotte, tu es
bonne, je t'aime, que de rai-

fons pour me pardonner ! en
difant ces mots , il me pouffe
contre un fiége , je tombe def-
fus , il m'y fuit , & j'ai la fatis-
faction de jouir de mon triom-
phe en préfence de ma rivale.
L'amour-propre m'eût prefque
déterminé à le mettre à fon comble fans un refte de pudeur qui
fubfiftoit encore dans mon ame.

Outrée de dépit, & chargée de
confufion, la grifette , s'habille
à la hâte , nous regarde avec fureur , pouffe des foupirs , mur-
mure tout bas , & fe retire. Sa
difparate nous procure le moyen
de fceller notre réconciliation
de mille plaifirs. Saintfrai veut
faire fuccéder ceux de la table
à ceux de l'amour. Il fait gala-
ment les honneurs d'un déjeuné

dont il me laiſſe uniment faire les frais. Le Condrieux cou-
loit déja à grands flots quand
nous fîmes monter des huîtres.

Dieux ! quelle fut ma ſurpriſe à l'aſpect de celle qui les portoit une huître à la main, le
coude appuyé ſur la hanche,
l'œil couvert, le col avancé, elle
me regarde, & fait, en admirant
ma parure, des exclamations
auſſi burleſques que triviales.

Ma vanité étoit trop morti-
fiée en cette rencontre, pour
avoir la force de ſoutenir la
converſation. Reſpectez Mademoiſelle, reprit impunément
Saintfrai, ouvrez vos huîtres,
ma mie, & laiſſez-nous en paix.
Javotte eſt *magniéce*, s'écrie la

harangere en fureur, & je pré-
tends qu'elle *détale*.

Sors d'ici, vile créature, reprend mon Amant, en allant à
elle. Arrêtez, lui dis-je, Monsieur, cette femme est ma Tante,
celle-ci lui fait défi d'avancer,
le Garde redouble de colere,
moi d'attendrissement, & l'harangere d'impertinence. Cependant les droits du sang l'empor-
tent, je me mets entr'eux,
je fléchis le courroux de mon
Amant, j'excite la tendresse de
ma Tante, nous nous remettons
assez pour pouvoir parler d'une
maniere énergique.

Asséyez-vous là, je vous prie,
lui dis-je après m'être un peu re-
cueillie, & en lui versant un verre de vin, & écoutez moi. Te-

nez, ma Tante *Charlotte*, à Rome on a des pardons pour de l'argent, ferez-vous pis que le Pape? me refuferez-vous le mien pour quatre louis? Allez, allez, ma pauvre Tante, quand vous irez en marchandife, on ne vous demandera pas d'où vous vient cet argent-là, il vaut tout autant que celui d'un autre. Oh c'eft encore vrai, dit la poiffarde en foupirant & en avalant un verre de confolation, mais Javotte, c'eft pourtant *ben dur* de n'avoir qu'une gniece & de la voir *fille joyeufe*. Et puis que dira ta mere? Ah, j'ai bien penfé, repris-je, qu'en confidération de mes quatre louis vous garde-riez le fecret. Elle entra dans le

E iiij

détail de la cherté de la mar-
chandise , de la rareté de l'argent & me fit entendre que
mon secret valoit au moins six
louis. J'en passai par où elle
voulut, & je lui achevai la som-
me sans marchander.

Ma Tante but, se grisa, jasa,
& les confidences que nous dû-
mes à son yvresse me prouverent
ce que Mademoiselle Dargentiere avoit avancé sur le compte
des femmes. Elle ne sortit pas
sans nous laisser dans la vive
persuasion qu'elle avoit fait dix
fois en sa vie par occasion ce
que je faisois alors par goût.

Je quittai aussi *Saint-Frai* ,
après être convenu avec lui des
moyens de nous revoir. En rentrant chez moi je trouvai mon

Financier qui s'impatientoit fort de mon abſence. Il me la reprocha & me fit ſentir cruement que j'étois payée pour l'attendre & l'amuſer.

L'art de diſſimuler ſi naturel aux filles du monde , ſecondé du peu de leçons que j'avois reçuës chez la Villers, m'aida à lui en impoſer par quelques menteries & à le déſarmer par maintes careſſes , il les voulut payer des ſiennes , mais je les éludai de maniere à lui faire croire que c'étoit pour le punir des ſoupçons d'infidélité qu'il avoit oſé former ſur moi.

Il prétendit au moins me faire chanter pour ſe dédommager par cette petite complaiſance de celles que je lui refuſois.

Je chantai à ma maniere, c'est à-dire sur un ton, & avec un air poissard, dont je n'avois encore pû me défaire.

Il te faut un Maître de Musique, petite, me dit-il, car il est affreux qu'étant à moi, tu chantes de cette maniere. Je t'en enverrai un tantôt. Adieu. Rends-toi digne de mes bontés & sois sage.

Notre façon de penser, & le cas que nous faisons des gens déterminent celui que nous devons faire de leurs conseils ; d'après cela on juge bien que je ne prêtai aucune attention à ceux de *M. Rondain*, je me proposai même au contraire de me dédommager de l'ennui qu'il me causoit par d'agréables pas-

se-tems ; j'y pensois encore lors-
que j'entendis sonner à ma porte , on le fit avec tant de bruit
que j'y courus la premiere. Un
Commissionnaire rusé me demanda un nom inconnu & me
glissa un papier dans la main ,
je répondis adroitement à ses
questions & je rentrai pour lire
ce billet.

C'étoit la Lettre la plus en-
sentimentée que pût m'écrire
mon pauvre Avocat ; il me demandoit un entretien particulier dans des termes respectueux
à faire mourir de rire. Le sim-
ple respect est une foible re-
commandation auprès d'une
femme de mon espéce. Je voulus cependant mettre mon triste
Galant à portée de m'offrir quel-

que chofe de mieux, je lui donnai un rendez-vous pour le foir
même, & me parai dès-lors de
maniére à le forcer de réparer
fes torts.

J'étois encore occupée de
ma parure quand on m'annonça
mon Maître de Mufique. C'é-
toit l'homme le plus maniéré,
l'être le plus frivole, en un mot
le Maître le plus à la mode
qu'on pût avoir. Ce jour, il
ne me montra que la game &
la Mufique fut ce qui nous occupa le moins. Tout en me don-
nant ma leçon il me dit les folies & les impertinences requifes, paffa de là aux privautés les
plus décidées; l'obtention de nos
faveurs eft approchant comme
le prix de la bague, c'eft en

tournoyant qu'on l'obtient , ce fut de même, que mon Muſicien obtint les miennes , il répéta négligemment ſes leçons & nous répétâmes exactement nos plaiſirs.

Ils ne firent aucun tort à ceux que je me procurois d'ailleurs. Entraînée par cette idée de plaiſirs qui fut longtems le mobile de mes actions , j'ai négligé de rendre compte de la viſite de mon Avocat , elle m'avoit couté aſſez d'apprêts pour être rapportée.

Enfin , me dit-il , Mademoiſelle , vous avez immolé l'honneur à l'intérêt , vous voilà au rang de ces filles dont les charmes deviennent un honteux trafic. J'étois nonchalament cou-

chée sur mon canapé, & j'é-
coutois avec un air mocqueur
les leçons de mon triste Galant.
Croyez-moi, Mademoiselle,
reprenoit-il d'un ton de pru-
d'homie, le vice n'a jamais
qu'un succès passager, il est toujours trop peu réfléchi dans ses
desseins, trop peu prudent dans
leur exécution pour mener à un
bonheur solide. Dites-moi, mon
cœur, continuoit-il en me re-
gardant avec pitié, pourquoi
avez-vous pris ce parti ? répon-
dez-moi, ma chere amie......
parce qu'il m'a plû, lui dis-je
avec cet air mutin que nous em-
ployons pour charmer & persé-
cuter les hommes. Mais encore
un coup, où voulez-vous que cela
vous méne ?...... où cela pourra.

J'aime qu'on m'amuſe, & non qu'on me ſermone. Il alloit encore répliquer quand je lui dis en me levant, n'aviez-vous que ces propos à me tenir? Il m'arrêta & me dit, mon cœur en auroit mille autres à vous adreſſer, belle Javotte, mais il craint de vous trouver rebelle à ſes deſirs...... Allez, Monſieur, vous n'êtes qu'un Ecolier, ce ſont des riſques qu'on doit courir impunément.... ah, Mademoiſelle, je vois bien que vous ne connoiſſez pas le ſentiment, il nous rend timide auprès de l'objet de notre amour. Ma foi, Monſieur, repris-je, je vois moi, que ce ſeroit une fort mauvaiſe connoiſſance, & j'éviterai toujours de la faire; c'eſt pourtant ce qui raréfie & fublimife l'amour, dit encore l'Avocat.

Je croirois volontiers que les richeffes défrichent l'efprit. Je commençois à raifonner bien ou mal, voici comme je le fis alors. Monfieur, je tiens de gens qui en fçavent plus que moi, que l'honneur & les fentimens ne font que de grands mots qui ne fignifient rien ; cela s'accorde affez avec ce que je vois & ce que je penfe, je m'en tiens là. Que vous foyez amoureux de moi par fentiment ou fans fentiment, il n'en fera pas moins vrai de dire que vous aurez les mêmes defirs, que quand ils feront fatisfaits, les
chofes

chofes auront leur cours ordinaire, ainfi, mon cher, fans tant
de fubterfuges, ne vous mêlez
point de mes affaires, fi vous
voulez avancer les vôtres. Quoi,
s'écria-t-il, il ne me fera pas
permis d'infpirer de la délica-
teffe à la perfonne du monde
à qui je voudrois en voir le plus ?
Tenez, mon bon ami, repris-je,
tout cela fe réduit à deux points;
il vous fera permis de m'aimer
tant que cela ne me gênera
pas, & il me fera loifible d'en
faire autant, ou de ne le pas
faire fuivant mon goût ou mon
caprice. D'où vient faut-il, reprit-il, en foupirant, que vos
rigueurs foient de nouvelles
chaînes pour moi !

E

J'ai toujours eu plus de goût
pour l'amour badin que pour
l'amour larmoyant ; je me levai
& courus d'un pas léger pirouet-
ter devant la glace. Je chantai
les sept nottes de Musique que
je sçavois, je regardai mon singulier Galant, je lui fis un sourire, je raccomodai mes giran-
doles & lui demandai ce qu'il
en pensoit, ne suis-je pas char-
mante ? continuai-je en me ca-
ressant & en relevant mon esto-
mac hors de mon corps.

Cette glace, reprit-il, ne peut
vous en donner de plus grande
certitude que mes yeux & mon
cœur. Je m'en doutois bien, répondis-je encore sur un ton fo-
lâtre, tout le monde me l'assu-

re..... Eh sans doute que tout le monde vous dit aussi qu'il vous aime, mais en vérité, ma chere Javotte, personne ne peut le faire avec plus d'ardeur & de délicatesse que moi ; personne ne pourroit vous en donner des preuves plus sensibles.... Aces mots je lui jettai un regard ironique qui lui coupa la parole. J'allois la reprendre quand il fit un de ces soupirs où le desir a plus de part que le sentiment. Ce soupir ne fut que le prélude d'un tendre baiser, qui acheva de me désarmer, ou plutot de m'attendrir, je m'abandonnai nonchalament à la conduite de ce jeune homme, il me fit asseoir sur ma duchesse, il y joua encore quelque tems le rôle d'Écolier, & ce rôle tout fot qu'il étoit me parut ne me préparer que des plaisirs plus vifs; ils le furent en effet, ce singulier combat du plaisir & du sentiment, qu'il lui plaisoit de mettre en jeu en cette occasion, tourna au profit de la volupté, & l'Amant dut à ma lubricité un bonheur qu'il crut devoir à son mérite. Il y a bien des dupes de cette espéce!

Les hommes s'aveuglent aisément sur leur mérite, celui-ci voulut encore me donner des preuves du sien, mais je craignis qu'il ne se mît en défaut, je voulus lui en épargner l'affront; je ne le fis cependant pas

fans lui lancer quelques défef-
pérants farcafmes à ma façon.
Ils lui firent reprendre fon fé-
rieux & la porte ; c'étoit tout ce
que je voulois de lui.

Les ouvriers qui travaillerent
bientôt apres chez moi, foit
pour l'ornement de ma maifon
ou pour ma parure , me for-
cerent à faire tréve aux plaifirs
réels; je m'en dédommageai par
ceux de fpéculation , & je lus
en tres-peu de tems toute la Bi-
bliotheque des libertins, les ro-
mans de Meffieurs Lametterie ,
Diderot & Crébillon, m'aiderent
à faire un cours complet & rapi-
de de volupté , je leur dus l'art
de rafiner & de créer les plaifirs,
de faire remplacer les fens par

l'esprit, ou la réalité par l'imagî-
nation. Mon Muficien & mon Garde du Roi furent les premiers qui
jouirent du fruit de mon étude,
mais l'Abbé fut celui qui en tira
le plus. Il étoit naturel qu'il fût
le mieux partagé, puifque c'é-
toit à lui à qui je devois & les
livres & les leçons qui m'avoient
fi bien inftruite.

Pour mon Financier il étoit
trop rond en tout, pour être fen-
fible à tant de rafinement. Il
s'occupa de toute autre chofe.
Il me crut affez formée pour
m'afficher dans le monde comme lui appartenant. Il me mena
au Palais Royal, à l'Opéra & au
Bal.

Tout eft fingulier, tout eft
propre aux aventures pour une

fille qui débute dans le monde.
Je n'offrirois rien de nouveau au
Lecteur en lui faisant le tableau
des êtres ridicules qui vont se
montrer dans ce jardin, &
peut-être même ce tableau lui
déplairoit-il d'autant plus, qu'il
s'y reconnoîtroit pour un des
principaux personnages. Je passe
donc à ce qui m'intéresse par-
ticulierement. A peine fus-je assise dans le cercle des femmes à
la mode, que je vis venir un
groupe de Petits-Maîtres, ils
m'avoient lorgné du bout de
l'allée. Ils nous aborderent en ri-
canant; entre mille propos ga-
lament impertinents de ces
Messieurs, je me rappelle ceux
d'un d'entr'eux, qui m'intéressent

d'autant plus, que je me promis dès-lors de l'avoir bientôt sur mon compte. Eh bien, mon pauvre Rondain, dit-il à mon Monsieur, en lui frappant sur l'épaule, c'est donc cette petite personne-là qui est la Souveraine de ton cœur ? Je t'en fais mon compliment, elle est d'une beauté à ravir, elle est faite pour faire tourner la tête à tout l'Univers. Mais, mais Marquis, disoit-il en s'appuyant négligemment sur un de ceux qui l'accompagnoient, de grace admire-moi ce minois-là, c'est une Divinité ! c'est un prodige ! Un miracle ! Ah parbleu, cela vaut mieux qu'un Rondain. Puis il s'approchoit de moi & me demandoit

mandoit à l'oreille combien
vous donne par mois notre Mi-
das ? A cela je rougiſſois, ſans
doute moins par pudeur que
par décontenance. Ah, ah, ah,
reprenoit-il, elle ſçait encore
rougir, parbleu la découverte
eſt bonne! allons, mon cher
Rondain, il faut que tu nous
donnes à diner, & que ce ſoit
chez la Petite. Mon Financier parut d'abord embarraſſé,
mais quelqu'un lui fit entendre
adroitement qu'un Butor comme lui ne pouvoit refuſer l'honneur de traiter un homme de
condition. Il l'accepta, & nous
revinmes chez moi avec ces
Meſſieurs.

Je ne laiſſai pas d'être ſurpriſe

de voir, par leur façon de con-
siderer ma maison, que quoi-
qu'elle fût fort belle à mon avis,
elle parût très-médiocre au leur.
On n'attendit pas le dessert pour
sabler le champagne, on prétendit qu'on étoit d'un lourd à
assommer sans l'usage de cette
boisson, qu'elle rendoit les es-
prits *volatils*, qu'elle opéroit
des effets merveilleux, quand
on en faisoit habitude, on en
but, & l'on m'engagea à en boire
plus que de besoin, suivant les
belles maniéres; on brusqua le
dessert pour se livrer à des plaisirs plus libres. On se leva de
table, on se dispersa dans les
appartemens. Le Comte de
G ** (le même dont je viens de

parler) fut le seul qui ne me quitta pas ; il se mit près de moi sur mon canapé favori, prit une de mes mains dans les siennes, la porta plusieurs fois à sa bouche, la baisa : & me dit : sçavez vous bien que je vous aime à l'adoration , mon Ange, & que vous êtes une petite coquine dont je suis fol. Ah voilà des yeux contre lesquels on ne peut pas tenir ! c'est une perfidie que cela ! me voilà pris & je vous aime à la rage. Dis-moi, petite folle : un Financier me vaut-il ? pourras-tu résister à ces airs, cette taille , à . . . . ce baiser, reprenoit-il, en m'en appliquant un des plus expressif.

Pendant qu'il me serroit de

la forte, mon Monfieur fe pro-
menoit avec un air rêveur dans
les appartemens, baiffoit la tête
en fe frotant les mains. Je m'apperçus qu'il jettoit de tems en
tems des regards mauffades fur
nous ; je pouffai le Comte pour
le lui faire obferver. Sans fe dé-
concerter, il changea d'attitude,
& dit au pauvre Rondain. Eh
bien, mon cher ami, me recon-
nois-tu à mes folies ? fi tu n'étois
pas perfuadé de mon atta-
chement, tu croirois que j'en
tiens pour la Petite, mais j'aime-
rois mieux bruler que de te faire pareil outrage ! trahir mon
pauvre Rondain ! ajoutoit-il, en
lui fautant au col, *perfider*, mon
cher ami ! ah ! j'en fuis incapa-

ble. Cependant il me paroît que vous n'êtes pas mal enfemble, reprit notre dupe, & fi je ne me trompe… Oh point, interrompit le Comte, ce que je lui difois te prouvera quel fonds je fais fur ton amitié pour moi, & fur fon amour pour toi. Tu ne devinerois jamais de quoi je lui parlois! oh je ne fuis pas fin moi, répondit le Financier, & je ne me fuis jamais fatigué la tête à deviner… Eh bien, il faut donc te le dire, mais promets-moi avant, que tu ne me donneras pas la mortification de m'être trop avancé, car les gens de ma forte n'aiment pas à fe commettre avec tout le monde. Tiens, mon cher Rondain, j'ai des embarras pardeſſus les yeux, tu me vois furieux, excedé, & ſans un ami comme toi, je ſuis un homme perdu. J'exige abſolument de ton amitié que tu joignes deux cens louis aux autres bagatelles que tu ſçais. Monſieur Rondain alloit répondre quand le Comte l'interrompit, & lui dit : permets à mon amitié de t'interrompre, tiens, mon cher, je veux être *anihilé* ſi je ne te fais avoir un bon avant qu'il ſoit ſix mois. Songes que tu me réduis au déſeſpoir ſi tu me refuſes ce que je te demande. Ah, Rondain ne me le refuſera pas, c'eſt un bon diable, continuoit-il, en lui frappant ſur l'épaule, allons, ma Reine, parlez pour moi, afin

qu'il le faſſe ſur le champ. Le
Richard reprit vivement : ſur le
champ, ſur le champ, s'ima-
gine-t-on que parce que je ſuis
Financier, il n'y a qu'à ſe baiſ-
ſer & en prendre.... non parbleu, nous ſçavons mieux qu'aucun autre ce que l'argent coûte.
Tenez, vous ne ſçauriez croire
ce que j'ai dépenſé pour cette
petite créature-là ! il alloit en
faire le détail quand nous l'in-
terrompimes par nos careſſes, a la bonne heure, dit-il au
Comte ; je veux bien encore ſa-
crifier deux cens louis, parce
que vous êtes mon ami, mais
ſongez que l'argent nous porte
intérêt à nous autres, & que
vous me promettez un bon. On

réitéra la promesse & l'on em-
pocha l'argent sur l'heure.

Le reste de la journeé n'eut
rien d'assez intéressant pour
être décrit. Je passe à d'autres
objets, plus ils sont diversifiés,
plus ils amusent. J'ai dit que j'é-
tois convenu de certaines heures pour voir mon Garde du
Roi, & j'aurois dû dire que
nous avions exactement rem-
pli nos conventions. Un jour
qu'il m'avoit donné plusieurs
preuves de son mérite, il voulut le mettre à prix, & voici
comme il le fit.

Quelle couleur aimes-tu, ma
chere amie?... J'aime assez le
bleu celeste... Eh bien, ma fille,
je veux porter tes livrées. J'au-

rai un habit de cette couleur,
mais il faut que Javotte apprenne un peu l'usage du monde & qu'elle se dresse aux belles maniéres... Il s'interrompit en cet endroit, & me dit ensuite : je parie que tu ne sçais pas ce que je veux dire. Je le sçaurai quand vous me l'aurez appris, repris-je. Quoi, tu ne m'entends pas ? & tu ignores encore ce qu'une maîtresse doit à un Amant de mon état ?... Oui en vérité, & je crois que je viens de faire tout ce qu'on peut exiger... mais écoute, c'est d'après cela même qu'il faut penser à me dédommager de ce que mes visites & mes peines pour toi prennent sur mes occupations,

mes amuſemens & mon embon-
point. Enfin, ma chere, tu paſſe-
rois pour une avare, ſi tu ne te
chargeois des frais de Garde-
robbe & d'Auberge d'un jeune
homme qui t'amuſe.

Le premier de mes amis a
été l'intérêt, & c'eſt celui qu'on
oublie le moins : il faloit le ſa-
crifier & ce ſacrifice me fit rê-
ver. Tu réfléchis, ſavotte, me
dit il, c'eſt ſans doute à la maniére généreuſe que tu em-
ployeras pour me tirer d'emba-
ras, ou peut-être te trouves tu
toi-même ſans argent. Va, ma
fille, ton bon cœur me ſuffit,
que cela ne t'afflige pas. Hélas
oui, lui dis-je, je n'ai pour le
préſent que quelques louis. Je

crus m'être débaraffée moi-même par ce faux aveu, & m'en con-
gratulois déja quand mon Garde
du Corps me dit : ma poule , il
me vient une idée : tu ne prends
pas de tabac , je t'ai vû une fort
belle boëte d'or , mettons-la
chez Madame la reffource comment veux-tu , il faut bien s'ai-
der de ce que l'on a , irai-je fans
habit tandis que nous avons un
bijou inutile ? mais Saint Frai ,
repris-je, ne plaifantez-vous pas?
Ah Javotte, répondit-il, je parle
très-férieufement...Quoi je vous
donnerai une tabatiere qui coûte plus de douze cens livres!...
Eh , qu'eft-ce que cela pour un
homme de ma forte ? Allez, Javotte, je ne fuis pas cher , vous

n'en trouverez jamais qui me
vaille, au même prix. Je réunis
en moi la complaifance, la valeur, & la gayté. Allons, allons,
ma fille, tu es trop raifonnable
& trop bonne, pour vouloir me
laiffer dans le befoin, quand tu
regorges du fuperflu ; je ne me
ferois pas attaché à toi, je n'aurois pas renoncé à des fortunes,
fi je n'euffe compté fur la tienne.
Eh bien, fi elle te manque, tu
me trouveras toujours au befoin.
En difant cela, Saint Frai cou-
la fa main dans la poche à la
tabatiere & l'en tira. Elle eft à
moi, Petite, me dit-il, hem ? à
cela je répondis, non, Monfieur
on me l'a donnée & je la garde.
Eh que diable veux-tu faire de

cette boëte? reprit-il en riant,
elle est aussi grande qu'une va-
life !... mais Saint Frai, vous êtes
fol, que me dira mon Mon-
sieur?... Oh je n'en sçais rien,
mais nous verrons à lui répondre dans le tems. Allons, je l'em-
poche, car surement tu n'aurois pas la basselle de me la reprendre. Aussitôt dit, aussitôt fait.
Je veux me jetter sur Saint Frai,
il fait le contraire, & de maniére que je passe tout-à-coup
de la mauvaise humeur au plaisir; il fut de peu de durée; les
regrets les plus vifs lui auroient
succédé si je n'eusse été distraite
par les assiduités de mon Maître
de Musique, de mon Abbé & de
mon Avocat. Le Maître étoit

trop suffisant, le Robin trop sérieux, le Garde du Roi trop couteux ; l'Abbé étoit amusant, & ce fut à lui que je voulus m'attacher le plus. Je vins même au point de lui accorder des nuits entiéres. Cet homme m'étoit si nécessaire, il m'instruisoit sur tant de matiéres, que je ne pouvois donner trop de tems pour prendre de ses leçons. Je fus cependant forcée de les interrompre pour jouir des amusemens que me procura le Comte de G*** il nous mena à sa petite maison, & ce fut pour la premiere fois que je vis de ces jolis temples de la volupté, nous y fîmes des sacrifices, & tous les Dieux des plaisirs y reçurent nos offrandes. La compagnie qui s'y rencontra étoit bien propre à me donner l'exemple, elle étoit compofée de jeunes Seigneurs de la, Cour & d'Actrices de l'Opéra. Ces dernieres portoient les airs du Monde & la liberté dans les maniéres à un point de perfection qui me fit rougir de mon ignorance. Je fus pendant plus de quatre heures la feule qui n'ofât s'amufer qu'avec fon Amant, & qui eût la fimplicité de traiter un homme de qualité de Monfieur. Mais comme je le viens de dire, je fuivis bientôt l'exemple, & je fortis Profeffe d'une Maifon où je n'étois cependant pas entrée Novice.

La qualité d'Auteur me force à placer de la morale, & mon ton d'aisance, me permet d'en mettre de fort commune. Je dirai donc : qu'il n'est point de bonheur parfait, ou pour le dire d'une nouvelle maniére, que le Diable veille à la porte des heureux pour troubler leur félicité. Je fus toute étonnée de voir mon Financier diminuer de ses assiduités. Il venoit moins fréquemment, & paroissoit toujours plus soucieux. Je lui en fis des reproches, & y mêlai de la tendresse, avec tant d'art, que je le forçai de m'avouer qu'on lui avoit inspiré des soupçons sur mon compte. Je le pressai de m'apprendre de qui ils lui venoient,

venoient, & il refufa obftiné-
ment de me fatisfaire. Je courus
le lendemain chez la Villers pour
lui faire part de mes chagrins ;
elle m'embraffa, & me plaignit
de maniére à me perfuader
qu'elle les partageoit fincére-
ment.

Il faut s'attendre à le perdre, me dit-elle , & tu aurois
dû te munir de quelque ami
qui pût le remplacer au befoin.
Auffi ai-je fait, lui dis-je. Alors
je lui fis le détail de tous mes
prétendus amis. J'attribuai à la
prudence ceque je ne devois
qu'au libertinage. Tu as d'autant mieux fait, me dit-elle,
que je fçais que ton Monfieur a
une petite fille en vuë. Eh bien

H

comment veux-tu faire, au défaut de reſſource tu trouveras ma
maiſon & mes amis. Je remer-
ciai bien ſincerement cette femme, & j'allois la quitter quand
je vis entrer Monſieur Rondain.
Il parut déconcerté à mon aſpect, regarda une fille qui étoit
là, jetta la vuë ſur moi, & ſe
mit dans un coin de la chambre ſans parler. La fille répondit à ſon embarras par le ſien
propre ; elle rougit, nous regarda tous deux, & baiſſa les
yeux. Mademoiſelle d'argentie-
te ſortit alors d'une chambre
voiſine, & m'embraſſa avec af-
fection. Cette Demoiſelle me
fit dans le plus court eſpace
toutes les careſſes dont elle
étoit capable.

Je l'ai dit, je commençois à raisonner : & cette faculté me servit à réfléchir sur l'air de joie & d'attendrissement qui se peignoit tour-à-tour sur le visage de mon amie. Je l'invitai à diner pour le lendemain, & voulus m'en aller, après avoir essayé plusieurs fois de tirer mon Entreteneur de la rêverie où il étoit plongé. Je le priai de me reconduire, & il le refusa de la maniére la plus brusque.

Je sentois ma fortune prête à déchoir & j'aurois été piquée de la voir éclipsée sans qu'elle eût ébloui mes anciennes camarades. Je me fis conduire dans mon quartier natal, où j'en fis appeller quelques-unes. Ce fut un fpectacle amufant pour moi, de voir quelle diftance il y avoit déja entre l'état que j'avois quitté, & celui que je venois de prendre.

Qu'on fe figure une jeune perfonne magnifiquement parée, affife négligemment dans un fiacre à l'entrée d'un fauxbourg, d'où viennent cinq à fix filles, dont les chauffures groffieres font entendre au loin la cadence de la marche. Eh quoi donc, eft-ce que j'ai la barluë, c'eft-ty là Javotte Godeau ? dit *Louifon* mon ancienne camarade d'Ecole. *Parguienne* oui, c'eft elle ; & com tevla brave, Mamefelle Javotte, reprend fa fœur

Babet. Une troisiéme survient qui s'écrie : on diroit d'un Ange dans un reposoir ? oh surement c'est que t'as cassé ton sabot, en vela les éclats sur ta robbe. Enfin une quatriéme s'avance à la portiere en disant : *gnia-ti pas de danger ? pouvons-je* monter la-dedans ? Venez, mes amies, répondis-je, je suis plus riche que je n'étois, mais j'ai le même cœur. Ah ! tu n'as pas fait bréche partout, me répond la plus dégourdie d'entr'elles, pas vrai, dis ?

Je souris & leur demandai des nouvelles de ma Mere. Elle est là-bas qui écofse des pois, me répondirent - elles, va la voir ; elle sera bien ébaubie de

l'opulence de ta richeſſe, quoi-
que ta Tante Charlotte en a
bien dégoiſé : car elle a dit
comçà que tu n'étois... Tu m'entends. Je n'ons pas la mani-
gance du parlemantage , mais
je ſçavons minager un queu-
quelun.

Elles en étoient là de leurs
colloques poiſſards quand ma
Mere accourut , & s'écria en
appuyant ſes mains ſur ſes han-
ches: fille du diable, enragée, dé-
vargondée , as tu fait aſſez cla-
quer ton fouet ? te vela donc
Toupie com Sainte Nicole. Tas
ſuſſé la dragée, tu n'en lâcheras
pas l'amande. Tenez, ma mere,
repris-je avec un ton de dou-
ceur , la faute eſt faite , il faut

la boire, & voilà de quoi, ajou-
rai-je en tirant dix louis de ma
poche. Quiens donc, reprit ma
mere, crois-tu nous ébarlouir
avec tes louis ? Oh que je ne
mangeons pas de ce pain-là, le
nôtre eſt paitri d'honneur, pour
comble d'infortune, le cocher
ſe tourna de mon côté, & me
dit : Mademoiſelle, vous me
ferez plaiſir de deſcendre, ces
femmes-là vont briſer mon
Carroſſe, ſi elles ſe mettrent en
frais. Non, lui dis-je, reméne-
moi promptement au logis. Les
Meres du Cartier les plus riches
en honneur, & les plus fortes
en langue, firent chorus avec
ma bonne femme de mere à
mon départ.

Sans Mademoiſelle Dargen-
tiere tous ces gens-là auroient
raiſon , me dis-je en moi-même , mais elle a trop d'eſprit
pour ſe tromper , & je n'irai pas
troquer ma fortune contre une
fachée de pois. L'Abbé avoit ſi
bien pallié mon libertinage ,
que je fus le chercher pour me
raffermir dans ſes principes &
me conſoler de mes chagrins.

Il y parvint facilement, & je
dûs ma tranquillité à l'heureux
talent qu'il avoit de changer
la nature des choſes, en chan-
geant leur nom;aux mots d'honneur & de principes , il ſubſti-
tua bientôt ceux de chimére &
de préjugés. Le plaiſir étoit le
ſeul dont il ne diminua pas la
valeur,

valeur, & qu'il reconnut pour réelle. Il divinifoit cet être, & ne facrifioit qu'à lui. Il me mit de moitié dans fes offrandes & me les.fit réïterer plufieurs fois. Nous l'honorâmes de diverfes maniéres, fuivant les différents attributs que nous lui reconnoiffions, la table & le lit furent les principaux autels que nous lui élevâmes ; le dernier fut celui où nous offrimes le plus d'encens. Nous en étions encore enyvrés quand nous entendîmes frapper à coups redoublés à la porte de mon appartement ; plus on a de torts, plus on éprouve d'allarmes. Nous nous levons précipitamment.

L'Abbé veut s'habiller à la hâte, mais je lui dis d'emporter ses hardes, j'en fais moi-même un paquet, je le lui donne, & le presse de fuir dans mon cabinet de toilette. Tandis qu'il s'y précipite, je cours ouvrir ma porte. Il n'y avoit qu'un massif Entreteneur qui pût indiscretement venir ainsi à une heure de nuit compromettre son amour - propre, ou interrompre le repos d'une jolie femme. Son indiscrétion me donna de l'humeur, je la lui fis bientôt sentir. Quoi, vous êtes sans lumiere? me dit-il. Je n'en avois pas besoin pour éclairer vos sotises, lui répondis-je... Ah ! ah ! Madame Javotte se fâche, ... Oui,

Monsieur, & très-férieufement.
On ne s'eft jamais avifé de venir à l'heure qu'il eft perdre une
femme de réputation dans fon
voifinage. Réputation eft bien-
là ! continua-t-il fur fon ton
groffierement badin, il me fem-
bloit que tu n'avois rien à dé-
mêler avec elle depuis que tu
étois à moi.... ce n'eft point
à une fille de ma forte qu'on
tient ces propos.... le Diable
emporte fi cela ne devient comique, je te crois vraiment en
colere. Je ne te veux pourtant
pas quitter en brouille ; allons
Javotte, remets-toi là ma fille,
& fans bruit, ni lumiere, faifons
la paix. En difant ces mots il
prenoit les privautés requifes

en pareille circonstance ; moi je me défendois , je fuyois ; il combattoit & me poursuivoit. Dans nos débats il s'approcha du cabinet , & je tremblai que quelques soupçons ne l'engageassent à y entrer ; ma crainte redoubla au mouvement qu'il fit pour l'ouvrir. Où voulez vous encore aller ? lui demandai-je, d'une voix entrecoupée ; faut-il que tout le monde vous entende ?.... mais un rien te fâche , ne vois-tu pas que je vais chercher un bonnet de nuit ?.... c'est inutile , car je ne veux pas que vous couchiez ici.... oh tu ne veux pas ! Je te vais bientôt faire changer de ton , & c'est trop loin pourfer l'impudence ! ajouta-t-il en ouvrant la porte. Alors me voyant presque convaincuë d'infidélité , je courus à lui pour lui demander excuse. Ah ! mon cher ami , dis-je en prenant ses mains , ne me perdez pas , je conviens de ma faute , je vous demande pardon. Il n'y a pas d'excuses à cela , reprit-il , tu n'auras plus de tort quand tu me laisseras faire... faites donc, repris-je , un peu remise , mais surtout point de bruit.... ne t'inquiéte pas, mais laisse-moi chercher mon bonnet.... oh vous serez assez mal-adroit pour ne le pas trouver !.... tu as encore raison. Alors je m'offris à le chercher moi-même , & nous

I iij

tendions tous deux les mains sur la toilette. Il doit se trouver cependant, disoit mon stupide Galant. J'étois sûre du contraire, car je sçavois l'avoir donné à l'Abbé. Comme nous nous occupions à le chercher à tâtons, & que mes mains rencontroient celles du Financier, il s'écria: qu'est-ce ceci ? le voilà, & ce n'est pas toi qui me le tends ; eh qui voulez-vous que ce soit ? lui répondis je en le poussant de toutes mes forces. Je sentis alors à certains gestes expressifs, que l'Abbé s'étoit caché sous la toilette , & que c'étoit de là qu'il avoit voulu poser le bonnet sur la table.

L'esprit d'une femme est tou-

jours subtile à tromper. Il faut
pourtant que je vous aime bien,
dis-je à mon Financier, pour
souffrir toutes vos extravagances, mais je les reçois comme une preuve de l'amour que
je partage avec vous, & je les
pardonne. Que tu es gentille !
me dit-il en me serrant dans ses
bras. Vois un peu, ma chere Javotte, comme ma passion me
tourne la tête ! j'aurois juré sentir une autre main que la tienne. Ah que vous êtes fol, dis-je
en riant. Les plaisirs qu'il se pro-
posoit de prendre lui firent faire un jeu de mots à sa maniere
sur l'épithéte que je venois de
lui donner, puis il me prit la
main & me reconduisit à ma

I iiij

chambre. Il me força de me re-
coucher précipitamment , &
suivit bientôt mon exemple.

Je n'ai jamais pris le change
sur ce qu'on appelle plaisirs ; &
comme je ne donnois point un
si beau nom aux caresses d'un
Entreteneur, je n'entreprendrai
point de les décrire , d'ailleurs
il m'arriva cette nuit assez d'é-
vénemens pour l'occuper toute
entiere.

Las de ses travaux ou plutôt
de ses efforts , mon Financier
dormoit profondément, quand
j'entendis ouvrir la premiere
porte de mon appartement. Je
sçavois que ce ne pouvoit être
que Saint Frai, à qui j'avois donné
une double clé pour lui fournir

les moyens de s'acquitter de la
tabatiere d'or, & cet événement
me surprit moins qu'il m'em-
barraffa. Si je me levois je cou-
rois les rifques d'éveiller Monfieur Rondain , je craignois
qu'il ne me fuivît ; fi je reftois,
l'approche de Saint Frai pouvoit exciter d'autres inconvé-
niens ; en vérité la difficulté
de jouir des plaifirs y met un
grand prix. J'étois encore dans
cette perpléxité quand le Garde du Roi s'approcha de moi. Il
voulut d'abord m'embraffer ,
mais je lui dis tout bas : mon
Monfieur eft ici. A d'autres , répond-t-il en balbutiant , je fçais
bien qu'il n'y couche plus , &
j'entends que celui qui y eft dé-

loge. Mais Saint Frai , repris-je , je vous dis que c'eſt mon Monſieur. Allons, allons , ſans tant de façon qu'on me céde la place , dit le Garde du Corps d'une voix haute. Je réponds. Vous m'allez perdre tout à l'heure , mon cher. Il ripoſte , il y a longtems que vous l'êtes, ma mie. Saint Frai , mon fils.... il n'y a point de Saint Frai , ni de fils qui tienne , dit mon homme en éclatant ; point de quartier , il me faut une oreille de votre Galant : qu'il choiſiſ-ſe. A ce bruit Rondain ſe ré-veille:qui eſt là ? qui eſt là ? de-mande-t-il tout ému. C'eſt le Maître d'ici qui vient t'en chaſ-ſer , lui répond-t-on ; me chaſſer

moi ? Allons, allons, Mons le Fa-
quin, dit le Garde en ouvrant les
fenêtres, il n'y a pas haut, & le
voyage en fera moins long. Je
me léve, je cours aux genoux de
ce furieux. Otez-vous de là, Mademoifelle, dit-il, j'aime les
exercices de corps, & votre Galant va me fervir de Ballon.

Jamais Financier ne fut té-
méraire, & le mien étoit le mo-
déle de la prudence. Saint Frai
ne l'eut pas plutôt découvert,
qu'il s'enveloppa dans les replis
des rideaux. Il vouloit crier au
voleur, mais la peur lui glaçoit
la voix.

La colere des femmes n'éclate
pas toujours contre leurs propres intérêts. Loin de montrer

tout mon ressentiment à mon impudent, je tâchois au contraire de l'attendrir. Pouvoit-il résister à la séduction d'une fille de mon état? Il me rendit les armes, & permit au Financier de s'habiller. Celui-ci tout saisi d'effroi le fait à la hâte. Le Vainqueur glorieux de sa victoire, veut jouir de la vue de celui qui la lui abandonne ; il appelle mes gens & demande de la lumiere. Il ouvre toutes les portes, parcourt tout l'appartement, il n'y a pas jusqu'au cabinet du timide Abbé qu'il visite. Ce dernier prend l'allarme, il croit déjà se voir enfilé par la rapiere de notre spadassin. Il se léve de sa cache, & tente l'impossible pour

se sauver , par une porte vi-
trée qui donne dans l'antichambre ; tandis qu'il fait des efforts
aussi inutiles que funestes, mon
Laquais arrive avec une lumiere,
s'arrête dans l'antichambre, où il
éclate de rire. Piquée d'une
gayeté si déplacée , je cours sça-
voir ce qui l'occasionne , & je
vois.... je ris moi-même de ce
tableau quand je me le repré-
sente , je vois mon pauvre Abbé
dont la tête étoit prise dans un
des carreaux de la porte , comme un rat dans une trape ; plus
il s'efforce de s'en tirer , plus il
s'y embarrasse. Quoi morbleu ,
dit le Garde du Corps, le Fa-
quin se sauve , il se méfie de
ma bonne-foi ! Eh ! par où a-t-il

paſſé ? dit-il en rentrant dans ma chambre. Mais le voici. Parbleu le champagne me fait donc voir double. Ah, ah ! s'écrie-t-il en s'approchant de plus près, c'eſt donc là votre Monſieur, Mademoiſelle l'impudente? Eh depuis quand s'eſt-il fait Abbé ? Son exclamation étoit fondée ſur la méprise du Financier qui avoit endoſſé dans la frayeur & l'obſcurité, l'habit de l'Abbé pour le ſien, parce que les mêmes cauſes m'avoient d'abord fait prendre des hardes à moi pour celles du Porte-collet. Saint Frai perſuadé que c'eſt l'Abbé exerce ſur lui la force & la vigueur de ſes bras, de la maniere la plus incivile. Eh ! je ne ſuis point

Abbé ! s'écrie Rondain. Pour
Dieu, je demande grace ! Tu
es donc le Diable, répond le Garde du Corps, en continuant
son gaillard exercice.

Des trépignemens de piés, &
des cris que nous entendons
dans le cabinet de toilette nous
forcent d'y porter nos pas ; nous
voyons le pauvre Mignard qui
avoit déjà passé la moitié du
corps à travers le carreau de vi-
tre, & dont l'autre étoit cou-
verte d'un de mes juppons,
(sans doute crainte de se bles-
ser) ah parbleu ! voici ma belle,
dit le Garde du Roi, & je vais
jouer à un joli petit jeu; mettez-
vous là, mignone, ajoute-t-il, en
me faisant passer à la gauche de

l'Abbé , & tenez ce flambeau.
On ne contrarie pas impunément un Garde du Corps ; j'o-
béis à celui-ci , il recommença
alors un exercice, dont l'Abbé fut
celui qui se divertit le moins ; il
lui leva le juppon & le fustigea
avec la plus scrupuleuse attention.

Jamais fantaisie de Peintre
ne fut aussi comique que cette
scene ! la larme à l'œil , le rire
sur les lévres , je me prêtois
d'une maniere équivoque aux
cruelles poliçonneries de Saint
Frai. Partagé entre la fureur
& la joye , Rondain faisoit une
grimace , que son habillement
semi-Laïc , & semi-Ecclésiasti-
que , rendoit encore plus ridicule ,

cule , le Garde l'habit débou-
tonné , l'eſtomac découvert , frappoit en meſure d'un air tranquille & goguenard , que ſon yvreſſe rendoit plus ſingu-lier. Mon Laquais & ma fem-me de chambre, qui ſe tenoient les côtés de rire à quelques pas de là , formoient le fond de ce tableau ridicule.

Heureuſement pour l'Abbé, les bras du Militaire n'étoient pas infatigables. Voilà ma par-tie finie , dit-il en s'étendant ſur mon fauteuil de toilette , j'en abandonne l'enjeu à qui le voudra. Mes gens firent ceſ-ſer ſes plaiſanteries en en dé-truiſant la cauſe. On briſa la porte pour débarraſſer le pauvre

K

Abbé, on lui rendit son collet
& son habit, puis il s'enfuit,
sans doute avec la certitude
qu'il n'étoit pas venu en bonne fortune.

On s'attend à la fin de cette
aventure. Saint Frai se dégrisa,
& se repentit des gaillardises de
son yvresse ; Rondain devint
plus courageux à mesure qu'il
se sentit plus fort. J'étois l'auteur de tout ce tintamarre, je
devois en être la victime. Quand
il fut grand jour, que tous mes
domestiques furent présents,
que le Garde fut bien tranquille
le Financier lui dit : Monsieur,
si j'étois plus méchant je tire-
rois vangeance de tout ce que
vous m'avez fait, mais je vous

pardonne vos petites vivacités,
& vous abandonne de grand
cœur la Créature qui en est
cause. Je ne vous dispute nul-
lement vos droits sur elle, em-
menez-la, & pour Dieu vuidez
ensemble la maison au plutôt.

Emportes-tu tes bijoux ? me
demanda Saint Frai . l'économe
Financier me dispensa de répondre, & lui dit : oh pour cela
je m'y oppose ; rien ne sortira
d'ici. En ce cas, reprit le Gardé
du Corps, il est inutile que tu
viennes avec moi, il vaut mieux
quitter ses amis que de rester
spectateur inutile de leur misère,
je n'ai que des vœux à t'offrir,
& je te souhaite une meilleure
fortune ; adieu. A ces mots,

il fait un éclat de rire, une pi-
rouette, & nous quitte.

Je crois que jamais Financier
ne se piqua de délicatesse, celui-
ci, ne se fit pas de scrupule
d'insulter à mon malheur, & y
mit le comble, je n'ose le dire,
en me faisant chasser par mes
propres domestiques. On eût dit
même que cette valetaille vouloit par-là se vanger des mauvaises façons que j'avois euës pour
elle.

Quel champ de morale ! Que
de sujets réfléxion pour une ame
mélancolique ! Mais que di-
rois-je sur l'instabilité de la fortune, sur l'ingratitude des amis,
que le Lecteur ne sçache aussi
bien que moi ! Me voilà à la

ruë, & il est essentiel de m'en
tirer. Où aller ? ce ne sera pas
chez ma mere ; on a vû qu'elle
n'entendoit pas raillerie sur l'article de l'honneur. Ma tante
Charlotte ne s'apprivoisoit qu'a-
vec les louis, & je n'en regor-
geois pas ; Mademoiselle Villers
étoit trop serviable pour douter
de son empressement à me recevoir, & à travailler au rétablis-
sement de ma fortune. Il me
vint en idée de passer chez
mon Avocat, mais je craignis
ses morales. J'ai toujours pensé
que les disgraces valoient des
leçons.

J'arrive chez la Villers, je
lui conte mon désastre. Elle me
plaint de l'aventure, elle rit de

ces circonſtances. Je me ſuis doutée, me dit-elle, que cet homme-là en agiroit mal ; auſſi tu as eu tort , on conduit mieux ſa barque , que ne donnois-tu tes rendez-vous ici ? il t'en auroit couté quelques repas ; mais tu aurois épargné ta boëte d'or. L'amitié de Mademoiſelle Dargentiere fut pendant les premiers jours ce qui m'aida à ſoutenir le poids de mes infortunes ; heureux ſi elle eût ſuffi pour m'en épargner de nouvelles.

Tandis que la Villers s'efforce d'excuſer en ma préſence les imprudences de ma jeuneſſe , elle ſe récrie en mon abſence ſur le libertinage de ma conduite, elle infulte même à mon caractere. Me voit-elle dans fa falle, elle m'étouffe de careffes, me fçait-elle ailleurs, elle m'accable d'invectives.

Mademoifelle Dargentiere m'aida à développer le caractere de la Villers. Tu as manqué, me dit-elle un jour, à un préalable néceffaire. Tu n'as rien donné pour ta rançon à cette femme. Elle t'a noirci dans l'efprit de Rondain, elle lui a infpiré des foupçons fur ton compte; ta conduite malheureufement les a réalifés, & tu l'as mife à même de regagner avec une autre, ce qu'elle perdoit avec toi, cette autre te fuccéde, & fera bientôt remplacée de même... Mais quel fond dois je donc faire fur fes promeffes ? beaucoup plus que tu ne crois, elle gagne autant à te faire du bien que du mal , & elle fera toujours l'un & l'autre avec empreffement, prends ton parti , profites de fes fervices & défies-toi de fes trahifons.

De fi bons confeils méritoient bien d'être fuivis , je promis de le faire & tins parole. J'en rabattis cependant ce qui me parut trop auftére , & trop oppofé à mon goût pour les plaifirs. Loin de vouloir m'en févrer entierement , j'en réfervai au moins affez pour me diffiper. Ceux que pouvoit me procurer mon Avocat me parurent même

un

un choix fort raifonnable. Je le
revis ; il joua avec moi le rôle
convenable à fa façon de penfer ; il m'exhorta par amitié à
avoir une meilleure conduite à
l'avenir , & me reprocha par
amour celle que j'avois tenuë
précédemment. Un moment ma
fituation me faifoit approuver
fa morale , un autre moment
ma légéreté me la faifoit trouver infupportable.

Si l'on ne conferve pas toujours fes connoiffances par in-
clination , on les ménage du
moins quelquefois par politi-
que , c'eft ce que je fis avec
ce Moralifte. J'eus pour lui par
néceffité les attentions, que
j'aurois euës pour un autre par

L

amour. Comme je le croyois
trop franc pour n'être pas dupe des apparences, je fus fort
piquée de la maniere dont il
reçut ces mêmes attentions un
jour.

Après s'être morfondu comme
d'ordinaire à me moralifer, il
étoit paffé dans l'état de con-
templation que fon trifte amour
lui rendoit familier ; j'allai à
lui avec mon enjouëment ordinaire ; je lui dis & fis mille
folies qui ne purent le décider ;
je crus remporter fur fon cœur
ce que je ne pouvois gagner fur
fon efprit : aux expreffions les
plus tendres, j'ajoutai les careffes les plus vives ; inutiles tentatives ; des foupirs, cette mon-

noye de duppes, furent le seul prix de mes avances. Si la co- quetterie nous fait toujours re- chercher, & rebuter celles des hommes, cette même coquet- terie nous engage quelquefois, à redoubler, & à outrer même celles que nous avons faites sans succès. Je ne tins pas mon Sou- pirant quitte, je continuai à le flatter, je voulus même le sé- duire de plus d'une maniere ; mon projet étoit bien entendu ; je prétendois ranimer son amour par mes caresses, & ensuite le désespérer par mes froideurs. Pour y parvenir je l'engageai à souper avec nous, je devois payer le soupé, & j'étois sûr que la Villers en seroit contente.

Je voulus à table m'emparer
du dez afin de rendre la conversation agréable, & propre à
amuser mon Amant, mais il
me prévint, & la rendit instruc-
tive & sçavante. La Villers étoit
une de ces femmes ordinaires,
dont la conception est comme
le timbre d'une cloche, sur le-
quel l'impression n'est que mo-
mentanée. Elle l'écoutoit avec
attention, & paroissoit pour
l'heure touchée de ce qu'il disoit. Mademoiselle Dargentiere
qui n'avoit l'esprit faux que parce qu'il étoit foible, & qui ne
sçavoit qu'établir des principes
sans former de raisonnement,
étoit aussi émerveillée de ceux de
ce jeune homme. Pour moi, qui

avois plus d'obſtination que de jugement, & qui ne m'étois fait d'autre principe que de n'en point avoir, j'attribuois à l'eſprit de cet Avocat tout ce que lui inſpiroit ſon cœur, & je me perſuadois qu'il auroit ſoutenu auſſi ſpirituellement le pour & le contre.

Je reſtai donc ſimplement fâchée au ſortir du repas qu'il eût ſervi à toute autre choſe qu'à ce qui pouvoit flater ma paſſion. Mademoiſelle Dargentiere fut bien différente de moi ; car elle eut un air de vivacité, que nous ne lui avions jamais connu. Vous êtes digne de faire le bonheur d'une femme, dit-elle à mon eſpéce de Philoſophe, &

vous méritez qu'elle fasse le vôtre ! Après bien des éloges & des complimens de part & d'autre, l'Avocat voulut se retirer, mais je le priai de me tenir encore compagnie & de monter dans ma chambre, afin, dis-je, de ne gêner personne. Il le fit, non pas avec l'ardeur que j'aurois souhaitée, mais avec la politesse que tout autre eût pû exiger.

Le feu des desirs combattu par la retenuë de l'amour-propre, excitoit en moi un trouble violent. Je ne pouvois me contenir, l'agitation de mon cœur en excitoit dans tous mes sens. J'étois embarrassée de moi même ; un moment je marchois au ha-

zard dans ma chambre , je fixois
mes regards fur mon Amant ,
je les promenois fur d'autres objets fans les voir ; je m'appuyois
fur la cheminée , j'allois m'affeoir fur une chaife & m'éten-
dre fur une autre. J'adreffois des
propos interrompus à mon Phi-
lofophe , je pouffois un foupir
pendant fa réponfe & ne l'entendois pas ; enfin je ne pus plus
y tenir & je lui dis : qu'allons-
nous devenir ? Je m'apperçus
qu'il ne me comprenoit pas ,
je lui en voulus tout le mal
que ma coquetterie put exiger.
Vous retirez-vous ? lui demandai je. Dans l'inftant, Mademoifelle , répondit-il , je n'atten-
dois que vos ordres , & je vais

les suivre. Vous sortez pour m'obéir, c'est fort bien fait ! m'écriai-je avec dépit.... mais, Mademoiselle, il me semble. que c'est votre intention, & que je m'y opposerois en restant, me trompai-je ? Eh non, Monsieur, non, vous ne pouvez vous tromper ! Que tardez-vous à me quitter ? Qui peut encore vous retenir auprès de moi ?.... Ah ! ma chere Javotte ! C'est l'amour le plus pur, & le plus violent ! Que je serois heureux si vous le partagiez avec la même délicatesse & la même force ! Vous restez donc à présent, repris-je avec l'unité qui m'étoit propre. Si je ne suivois que mon penchant, me dit-il avec émotion , je ne sortirois pas que vous ne me chassiez ! Vous demeurerez donc , dis-je à voix basse , en procédant à ma toilette de nuit. Rendez-vous digne de votre bonheur , ajoutai-je avec un sourire voluptueux , aidez-moi. Il le fit, mais toujours avec un respect désespérant. Que ne fais-je point pour vous, repris-je encore en souriant,& en lui faisant un signe qui exprimoit la place qu'il devoit occuper cette nuit. Beaucoup plus que vous ne devez , dit encore mon triste Soupirant. J'étois trop sûre de m'être fait comprendre pour ne pas parler clairement. Enfin il se mit à portée de satisfaire mes desirs ,

& je ne tardai pas à 'ui en montrer toute la vivacité ; mais qu'il
y répondit mal ! & que j'eus
lieu de rougir de mes avances !
Le cruel ne fit même aucune
tentative pour y répondre. Jeu
de prude, manége de coquette, efforts de lubrique , dépit
d'outragée , rien ne me réuffit
avec cet Amant glacé. Il feroit
encore plus difficile d'exprimer
ma colére que fa tiédeur. Vingt
fois je fus tentée d'éclater , mais
j'immolai ma rage à mon amour-
propre , & je m'y pris de la maniere la plus douce pour fça-
voir de cet homme la caufe de
fon indifférence.

Mon amour vous eft trop
connu pour douter de fa vio-

lence, me dit-il, mais ce même amour est trop délicat, pour vouloir tenir vos faveurs de la lubricité ; je veux, ma chére Javotte, que le plaisir soit le prix du sentiment. Encore du sentiment, lui répondis-je, m'offenser de sens froid pour une chimère. Ah ! ma chere amie, reprit-il, cette fausse opinion vous perdra, voilà ce qui fera le malheur de votre vie & de la mienne.

Cest bien à une fille comme moi, lui dis-je en l'interrompant, que l'on doit faire une morale aussi inutile qu'ennuyeuse. Ah, Javotte ! reprit-il, ne me reprochez pas le ridicule de mes conseils, je croyois les devoir à l'innocence de votre âge & à la simplicité de votre premier état.

Il sortit enfin aussi peu content de mon obstination, que je l'étois de son indifférence. Mademoiselle Dargentiere me surprit comme j'étois encore dans les premiers mouvemens de mon chagrin. Les larmes me couloient des yeux, & je pleurois tout à la fois,& sur la perte d'un plaisir que je m'étois promis, & sur l'affront fait à mes charmes. Les femmes ne sont pas avares de larmes, pour pareilles choses. Mon amie me demanda la cause des miennes. Je ne pus la lui cacher, loin de partager mon ressentiment, elle fourit de ma fenfibilité, & me dit que les gens de notre état devoient avoir une philofophie ftoïque qui les mît au-deffus de tous les événemens de la vie. J'eus bientôt après occafion de me rappeller fes confeils. Pour comble de mortification, Mademoifelle Dargentiere s'appliqua à faire l'éloge de mon cruel Amant. Elle n'eût jamais fini de me vanter fon efprit & fes fentimens, fi je ne l'euffe priée de me parler d'autres chofes.

J'eus moi-même bientôt des fujets intéreffans de diffipation. La Villers avoit parlé de moi à un Seigneur qui devoit, me dit-elle, venir me voir dès le même foir. Il fallut me mettre en état

de le recevoir, de préparer avec
le même foin, & l'ajuftement,
& la converfation du jour. Le
goût de ce Seigneur fervit également à l'un & à l'autre. Il
aimoit les airs indécens, les
propos libertins, & je ne pouvois
que le bien fervir. Il en fut affez content pour entrer en marché dès le jour même.

Il faut faire nos conven-
tions, me dit il, & voir fi elles
vous plaifent. Je n'entends point
qu'une fille que j'entretiens fe
prenne de belle paffion pour
moi, je veux qu'elle fe borne
à m'amufer, qu'elle ne voye
que moi, qu'elle foit toujours
gaye, complaifante, & féden-
taire. Il eft encore d'autres cho-

ses sur lesquelles je veux vous
prévenir. Il faut que vous sça-
chiez que je suis obligé de ménager mon épouse dont la sa-
gesse mérite au moins des é-
gards extérieurs. Que je ne puis
refuser mes soins à une femme
de la Cour, avec laquelle j'ai
lié une intrigue sérieuse, & que
vous ne me servirez précisément
qu'à me distraire de ces tristes
occupations, & qu'à satisfaire
mon goût pour le plaisir. Ce
dernier article étoit le seul qui
pût me rendre ce Seigneur sup-
portable. Nous convînmes que
quelques jours après j'irois prendre possession, non de son cœur,
mais de la fortune & d l'appartement qu'il me promettoit.

Mademoiselle Villers n'aimoit pas le tems perdu, elle m'engagea à bien employer cet intervalle. Il y avoit alors à Paris un homme d'un goût singulier, & qui payoit cher ses bisarres plaisirs, elle me trouva propre à y contribuer; & m'engagea à aller chez lui. Le goût de ce ce vieillard montrera assez le rôle que je jouai avec lui. Il vouloit qu'une femme lui persuadât qu'elle étoit sage, & parût être riche en faisant une démarche qui prouvoit le contraire. Le bon homme n'étoit pas d'âge à abuser de cette complaisance, & tournoit au profit de sa délicatesse prétenduë, ce qui n'étoit qu'un effet de son

impuissance

impuiſſance réelle. La vuë étoit
le ſeul ſens qu'il pût & ſçût ſatisfaire , & il le faiſoit avec la
lubricité,&la biſarrerie des gens
de ſon eſpéce.

Tandis que j'achevois de me
former ſous la ſçavante Villers,
elle ménageoit les intérêts de
ma fortune avec le Seigneur
dont j'ai parlé , & d'autre côté
on s'employoit de pluſieurs manieres à traverſer mon bonheur.
Mon Avocat ſans ceſſer ſes aſ-
ſiduités , paroiſſoit mettre plus
d'effroi dans ſes propos, il reſ-
toit même pendant des heures
entieres en ſilence , & ce qui
eſt pis , oiſif avec moi. Sans
Mademoiſelle Dargentiere il
n'eût jamais parlé , elle ſembloit
M

prendre un intérêt extrême à tout ce qui le regardoit. Elle se chargeoit du soin de nous réconcilier, ce qui arrivoit souvent depuis que ce jeune homme laissoit subsister la cause de ses torts avec moi.

Elle s'arrogea d'abord, avec ardeur, le titre d'amie de ce Philosophe, & crut dès lors à la faveur de cette qualité, que les familiarités les plus libres devoient leur être permises. Je vis ce commerce sans m'en effrayer, je fus même admise dans leurs confidences, & je lisois les lettres qu'ils s'écrivoient, disoient-ils, pour l'amusement de leur esprit, mais je fus fort étonnée un jour de voir cette Demoiselle

changer tout-à-coup de fentimens pour mon amant, & travailler de tout fon pouvoir, à
me le rendre odieux. Tout ce
qui lui avoit paru digne de fon
amitié, lui paroiſſoit indigne
de mon amour. Elle voulut ab-
folument que je le congédiaſſe.
Pour y réuſſir, elle ne fit aucune
difficulté de charger le laid portrait qu'elle me faiſoit de lui.

J'étois déjà aſſez formée pour
regarder ces foins comme fuf-
pects ; je m'appliquai à confir-
mer mes foupçons, j'épiai leurs
démarches, & je fçus : que s'ils fe
voyoient moins à la maifon,
ils fe voyoient davantage de-
hors. Ce ne font pas les femmes de notre efpéce qui fçavent

dissimuler leur ressentiment pour de pareilles perfidies. J'éclatai vis-à-vis de ma rivale, & nous jouâmes toutes deux, en cette occasion, les rôles qui convenoient à notre état. Je mis beaucoup d'impertinences, & d'aigreurs dans mes propos; elle mit beaucoup d'ironie, & de hauteur dans les siens ; les langues nous manquerent, les mains nous servirent, les cheveux furent de la partie.

Les spectacles, varient sans cesse chez les Courtieres de Cypris. A cette scène, en succéda une autre propre à distraire ma mauvaise humeur. Plusieurs Commis dorés, & veloutés vinrent souper chez la Villers ; à

table on leur parla du désordre
de ma fortune. Monsieur *Baf-*
fet de belle main, l'un deux,
homme aussi singulier par la no-
blesse de ses ajustemens, que par
la rôture de sa figure, s'offrit à
m'entretenir. Je calcule, me
dit-il, ma Reine, ici vos charmes bien mieux que notre argent au Bureau, & je prouve
par régle de trois: qu'ils doivent
rendre cent pour cent de plaisir à leur Fermier, passez-m'en
donc vîte le bail, & recevez cette bague pour Pot-de-vin. Sur
le refus que je fis de la prendre, un de ses amis me dit, c'est
un marché d'or ! Monsieur Baf-
fet de belle main, tel que vous
le voyez, a sans mentir autant

de mérite qu'un Caiſſier. Il poſ-
ſéde ſon livret comme Barême,
& eſt encore homme de Lettres;
il fait tout ſeul nos états de re-
cette. Un autre s'écria:Eh ! mais
auſſi c'eſt qu'il ſçait lire couram-
ment le François, le Latin , &
le Gothique ; à quoi notre Sot
ajouta : & de plus l'Ortographe
de Jacquier, Mademoiſelle.

Pour m'amuſer de ce lourd
Perſonnage, j'entamai avec lui
la converſation ſuivante, (nous
parlons tous deux) puiſque
Monſieur a tant d'eſprit .... eſprit eſt ſpirituel!.... il aura bien
la bonté .... bonté vous - même .... de me tranſcrire ....
tranſcrire eſt bien dit !.....
quelques chanſons ..... chan-

fons , ah oui , pourvû qu'elles
ne foient point à vers longs &
courts ; car voyez vous il n'y a
que cela qui m'embrouille ,
dame , il n'y a point de talens
univerfels.

Monfieur porte l'empreinte
de l'efprit , dit la Dargentiere ,
& je fuis bien trompée fi je n'ai
vû de fes ouvrages au Mercure.
Vous avez pû y voir , lui répondit-il , une Enigme dont je vou-
lois faire le fujet d'une Tragé-
die en fix Actes , mais notre
état ne nous permet pas de nous
amufer à ces miféres-là; & comme dit fort fçavament un de nos
Fermiers : faites des bordereaux
morbleu , & non pas des vers.
Nous le flatâmes de toutes

les manieres, on vanta la richef-
se de son habit, le goût de la
couleur. Alors il fut intarissable,
& nous fit l'inventaire de sa
Garderobe, nous nomma tous
ses Tailleurs, nous détailla toutes les modes; puis il revint à
notre bail, & me demanda si
je voulois le signer. Cela demande réflexion, lui répondis-
je, en me sauvant dans ma chambre pour me souftraire à ses ba-
lourdises.

Je m'en occupai en me cou-
chant, & je rêvois encore à ce
Baudet de Plutus lorsqu'on vint
me chercher pour me conduire
chez mon nouvel Amant, ou
plutôt mon nouveau Maître. Je
m'habille à la hâte, j'embrasse
la

la Villers, je m'élance dans le caroffe, & je pars accompagnée de deux hommes qui m'y attendoient

Vous êtes fans doute bien contente, ma belle enfant, me dit l'un d'eux en me prenant les mains. Je ne me fens pas de joye, répondis-je ; ha ! vous vous remettrez, reprit-il ; l'autre nous regardoit d'un air goguenard, & rioit de notre converfation fans l'interrompre. Je trouvois la courfe longue, & je m'impatientois déja de n'être point arrivée, je regardai par la portiere, & je dis : c'eft donc hors de Paris que nous allons ? Oui, mon cœur, répondit un de ces Meffieurs. On veut tra-

N

vailler à votre santé, on vous.
mene pour quelque tems à
la campagne. Quelle complaisance! m'écriai-je. Oh nous en
sommes paîtris, reprirent-ils,
mais l'air vous incommodera,
fermons les portiéres. Quelque
chose que je leur disse, ils s'ob-
stinerent à les fermer, & con-
tinuerent leurs propos ironiques
& leurs regards malins. Bientôt après je compris au détour
de la Voiture, que nous en-
trions dans la Maison qui m'é-
toit destinée. , & je m'empres-
sai à vouloir descendre. Oh!
les Grands ne descendent pas
dans la premiere Cour, me dit
l'un de ces gens, attendez que
nous soyons au Perron, &

l'on vous y donnera la main.
Enfin le Fiacre arrêta, on ou-
vrit la portiere, & je vis : oh
Ciel, quel spectacle pour moi !
je jugeai sur les apparences que
j'étois dans l'Hôpital. Des soupçons je passai bientôt à la certitude & cette affligeante certitude, me fait tomber la plume
des mains. Jeunesse , Beauté ,
Talens , ne vaudrez-vous jamais
la Vertu !

*Les défauts de Javotte étoient
plutôt manie de métier que vice
de caractére. Elle s'acquit dans
peu l'amitié de ses Compagnes.
Je fus celle à qui elle s'attacha*

de préférence, & pour laquelle elle composa cette Histoire. Je voulois que ce gage de sa tendresse, devînt un jour une leçon de conduite pour elle. Mais la vangeance céleste prévint mon zéle. La malheureuse Javotte expia ses crimes par les suites funestes du crime même. En moins de huit jours, tout son corps succomba sous l'atteinte de douleurs les plus aiguës. Ses souffrances m'attendrirent encore moins, que les sages réfléxions qu'elles lui suggérerent. Mais, Ciel ! quels sujets de frémissement, de pitié & d'horreur à la

fois n'eus-je point en voyant un
matin cette infortunée changer
tout-à-coup de couleur, chance-
ler, & tomber à mes piés. Je
voulus lui tendre la main, mais
ses membres roidis se refuserent
à mon empressement. Elle ne
put que se traîner, en rampant,
sur quelques brins de paille qui
étoient épars près de là, & elle
y fut à peine qu'elle expira, victime de la nature, de l'amour,
& du plaisir.

F I N.